弄懂孩子的内心×情绪×行为问题

陈品皓 著

心理咨询师给父母的20个教养建议

中国法制出版社
CHINA LEGAL PUBLISHING HOUSE

作者序

走进孩子的内心世界

打从高中担任社团心理学组长开始，我便与心理学结下了不解之缘。多年来，我对心理学一直充满热爱，将其视为人生的志业。

从心理卫生中心开始，到教学医院精神科、专科医院及精神诊所，我见过许多人处于人生不同阶段的各式面貌，以及他们遭遇的困境与阻碍。细细咀嚼每一段生命故事，不难发现，有些困扰的根源，来自他们孩童时的经历。

进入职场后，我便在小学、初中提供临床心理服务，与学校辅导老师、班主任及家长合作，共同协助孩子们解决各式发展与心理问题。我享受下课的空当，站在学校的走廊边，看着孩子们跑来跑去，无忧无虑地嬉闹、玩耍。他们的喜悦总是感染着我，让我回到记忆中纯真美好的年代。我也喜欢和孩子们聊天、交谈，他们的世界总是充满天马行空的自在与奔放。

几年和孩子互动下来，我发现孩子的问题常常与家庭有着深刻紧密的关系，孩子的状态反映出许多家庭的困境；而亲子间往往也是因为大人忘记了自己孩提时的模样，所以产生了距离。

我常常在想，如果在孩子人生的这个阶段，我们能够看到自己与孩子的状态，看到彼此连动、牵引的关系，试着为双方做一点点调整和尝试，或许有很多事情会变得更不一样。

本书便是在这样的反思与期许中酝酿而生的。笔者将几年来在学校、诊所的临床经验，汇整成一个个主题，从孩子行为层面开始，逐步走进其内心世界，再回到实务的分享与建议上，期待能够为每一位关心孩子成长的大人，提供各种观点与尝试的方向。

本书的完成，离不开我的家人、同事、朋友及每一位我有幸陪伴的孩子，没有他们的参与及支持，就不会有本书的问世。

最后，感谢我的母亲郑美连女士，愿一切荣耀归属于她。

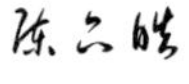

前言

管教不只是管教

相信不少父母都赞同，孩子单纯得像一张近乎全白的纸，尤其是陪孩子成长的过程中，我们不时因为他们的童言童语或自然不造作的行为，而打从心底涌出喜悦，因为我们在孩子身上看到毫无保留的真挚。

小学，是孩子从家庭走向社会的第一站。在这里，孩子开始学习与父母分离、接受系统教育、融入群体生活、接触家庭外的人际关系等。在每一天固定的生活中，总会有许多不可预期的事情发生，这对孩子是充满挑战与乐趣的过程。也就是在这个阶段，孩子有机会通过在学校与家庭中的观察、学习与体验，了解自己，觉察并发展出独特的样貌。孩子不但在学校学习，也会把学到的事物带回家里。反之亦然，孩子会把在家中学到的行为、言论与价值观，展现在学校生活中。

因此，在这个阶段，父母与班主任的角色就更加重要。因为对孩子来说，父母不但是孩子模仿的对象，也是孩子向外探索时重要的后盾，父母对待孩子的方式将会深刻影响孩子日后与别人互动的方式，父母处理情绪的方式也会影响孩子面对情绪时的反应，而家庭的状态更是随时牵动着孩子。对班主任来说同样如此，班主任的带班风格与处事方式，也会为孩子带来意义深远而重大的影响。

我在学校服务了许多年，也和父母及老师合作。几年经验累积下来，我发现每一位父母都知道家庭教养的重要，但比较可惜的是，当孩子在学校或在家中出现某些特定的问题时，父母却没有具体的建议或方法可以参考。在直觉与情绪下的反应，有时会造成亲子间的对立与冲突，更会扩大孩子原本的问题。当我和父母讨论孩子的管教时，大部分父母想到的都是要怎么处罚孩子，我会尽量解释一个很重要的原则：**“管教”的确包含处罚的成分，但是处罚并不代表管教的全部。**管教中更重要的还有学习的元素。因此，管教不仅是规范孩子的行为，也是让孩子通过学习，回过头反省自己行为的恰当性，而最直接的学习方式，就是观察与模仿。

老师带班时，常会被一些孩子的特殊行为干扰，但是当老师介入处理并开始试着和家长合作时，往往演变成与家长的冲突和心结，影响亲子、师生之间的关系质量，导致孩子、家长与老师三输的局面。

有鉴于家长与老师所遇到的问题，本书整理了多年来我亲身走进校园，进班观察，参加研讨会议，进行实际治疗，以及与各处室合作的大量案例、辅导经验与实际成效，将其中的精华汇集成20种家长与老师最常碰到的问题，并针对家长与老师分别提供具体的意见与想法，希望能有实质性的帮助。

每一篇文章的开始，都会有一个案例故事，每一个故事都是由好几个孩子亲身遭遇的缩影剪辑而成。我们以故事开头，进一步分析故事中孩子行为背后各种可能的原因。针对这些原因，提供在实务上有效，并且可以在家操作的具体建议，最后从学校老师的角度，讨论该如何协助孩子面对各种问题。

更重要的是，孩子展现出来的问题与困扰，往往并非单一原因就可以完全解释的。更多时候，一个现象的出现是许多因素共同作用的结果，因此需要家长和老师更长时间的投入与协助，才可能看到改善。这个过程不管是对孩子、家长还是老师来说，都是一次对耐力与信任的试炼，因为我们往往会认为，既然我们已经做了一些事情，孩子应该会很快改变才对。一旦结果不如预期或成效不明显时，我们不免会在挫折与气馁中怀疑彼此与所使用的方法。

这个问题常发生在家长与老师身上，进而影响他们协助孩子的意愿，这是相当可惜的一件事。当大人从“单一事件”的角度看孩子的行为时，自然只能看到孩子的不良行为仍然反复出现，因此觉得没有任何改善。但是如果我们改用“趋势”的角度来看孩子的行为，也就是从行为本身的强度、次数、影响范围、持续时间等各种细致的向度来看时，我们很有可能发现孩子行为的某种趋势出现了：可能是每次发作的强度变低了、影响范围变小了，如从一开始向别人扔危险的东西转变成踢自己的桌子等。这种趋势便是在告诉我们，孩子用他的能力与方式在调整。当你看到孩子改变的趋势，并肯定这样的趋势时，改变就这么发生了！它可能发生在孩子的行为上，发生在你对他的看法上，发生在他与你的互动中或是发生在你们彼此的关系中。

目录

PART 1 和周遭对立反抗的孩子

生活应用题 1 003
做事总是拖拖拉拉，非要三催四请加骂人才肯去

生活应用题 2 013
孩子容易被一点小事激怒、莫名其妙发脾气

生活应用题 3 025
和同学一有争执就成了脏话大王，“出口成脏”

生活应用题 4 035
我不会严厉惩罚小孩，
为什么他做错事却要对我说谎？

冲动搞破坏的孩子

PART 2

生活应用题 5 047

孩子升上中年级后，总是和同学吵架、发生口角

生活应用题 6 057

孩子生气时老是暴力相向、破坏物品，
怎么骂也不听

生活应用题 7 069

孩子老爱在上课时叽叽喳喳地说话、
发出怪声，甚至捉弄同学

生活应用题 8 079

上课时突然冲出教室不见人影，
或不愿意进教室，怎么办？

不说话的孩子

PART 3

生活应用题 9　093

上课时不愿意离开妈妈，一离开就大哭大闹

生活应用题 10　103

孩子太害羞，家里一有客人就躲进房间，在学校也不敢上台讲话

生活应用题 11　113

孩子一进学校、托管班就完全不说话，但一回家又很多话——选择性缄默症

孤立的孩子

PART 4

生活应用题 12 125

当孩子的人际关系遇到麻烦时，
父母应不应该大惊小怪？

生活应用题 13 135

孩子被其他同学孤立、排斥、欺侮怎么办？

生活应用题 14 145

孩子执着于特殊兴趣、无法融入同学，
或对人际关系没有兴趣时怎么办？
——自闭症光谱

PART 5 有其他疑难杂症的孩子

生活应用题 15 159

做事情总是丢三落四，叮咛一件忘一件

生活应用题 16 169

睡觉时总要有人陪，不敢自己睡觉怎么办？

生活应用题 17 179

功课老是缺交，迟到请假更是家常便饭

生活应用题 18 189

孩子老爱联合其他人欺侮同学

生活应用题 19 201

总是忍不住拿别人的东西，
骂过也没用，怎么办？

生活应用题 20 213

孩子用器具自我伤害时，该怎么办？

附录

Appendix

附录一 233 情绪温度计

附录二 239 我是小侦探：人际事件记录簿

附录三 243 学生自我伤害行为筛选量表
——教师观察评量表

PART 1

和周遭对立的孩子

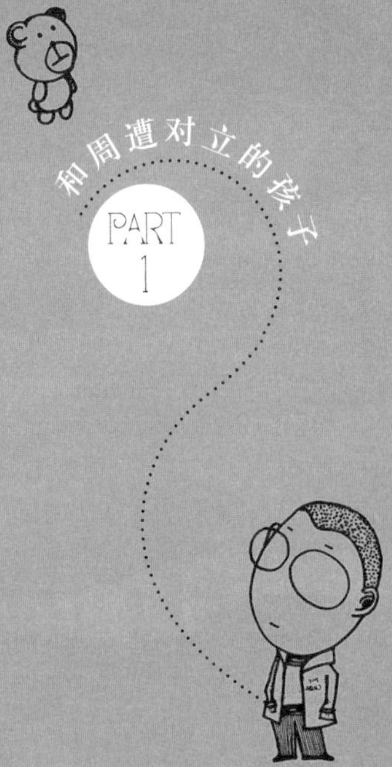

做事总是拖拖拉拉，非要三催四请加骂人才肯去

1

生活应用题

“小亚，你现在在看电视吗？帮妈妈去超市买一包盐。”林妈妈在厨房里朝客厅大喊。小亚看着电视没有回应。等了一会儿，林妈妈再度拉开嗓门：“小亚，听到没？去超市买一包盐，不然我没办法煮菜。”

“很烦啊，我在看电视！”小亚头也不回地喊。

“叫你去买就去买，你不要吃晚餐了是不是？”林妈妈有点生气了。

“不吃就不吃呀，我又不饿。”小亚仍旧是一副毫不在乎的样子。

“你说这话什么意思！你不吃，爸爸不用吃吗？哥哥不用吃吗？你会不会太自私！只考虑你自己，妈妈只是叫你去买一包盐，是有多困难？”林妈妈开始在厨房里大吼，小亚依旧没有动静。林妈妈使出了撒手锏：“我数到三，你要是再不去买，我就马上把电视关掉，把插头拔掉……”

“烦死了，你不会自己去吗，是你们要吃的干吗叫我买！”小亚不情愿地从桌上抓了把零钱，气冲冲地出了门。

几分钟后，小亚回来将手中的盐往厨房的料理台上扔，林妈妈被他这个突如其来的举动吓了一跳。“你不会用放的是不是？动作这么粗鲁？”

“帮你买回来了呀，帮你买还大呼小叫！奇怪……”小亚板着脸走回房间，“砰”的一声关上房门。

“你说谁奇怪？你这是什么态度！等爸爸回来我一定要跟他说。请你做件事心不甘情不愿，拖拖拉拉还顶嘴！你看看你像什么样子！”只见林妈妈手中的菜刀越剁速度越快，越剁声音越大，砧板上的鸡腿肉这下全成了鸡肉泥。

生活应用解析

给孩子指令时，先确定他的注意力是否在你身上，然后再确定指令是否清楚完整。因为当孩子不专心或信息一下子太繁杂时，接收指令就会有困难，如果接收不完全，理解就会跟着出错，孩子当然无法做出适当的反应。

如果孩子的注意力和你的指令都没问题，但孩子就是不理你，甚至和你唱反调，这可能代表家里的管教方式出了问题。孩子为什么遵守父母的指令？因为指令在孩子的心中有分量。而分量则是由孩子遵守指令的后果，以及他与父母的关系决定的。当孩子遵守指令可以得到好结果时，他听话的意愿就会提高；如果孩子不遵守指令的结果与遵守指令没什么不同，那这个指令对他来说有没有其实没有影响。既然如此，与其遵守，还不如忽略来得轻松一些，反正听不听都一样。久了，指令在孩子心中的分量就会越来越轻。

有些父母会担心若孩子过度服从，会失去独立思考的能力。其实在成长过程中，父母会不断看到孩子独特的看法与观点，如果能给予孩子空间及机会分享他的想法，就是鼓励孩子表达自己。而对家务指令的执行，则是培养孩子对团体责任的适应力，两者并行，并不冲突。我们希望孩子学习在团体中负责，同时保有独立思考的能力，“团体”与“个人”间的平衡有赖于沟通能力的培养。

父母可以这样做

step1 “听话”，从习惯开始

“听话”对大部分孩子来说，是一个习惯。因此，父母帮助孩子建立听话习惯的关键时期，也就是孩子仍然以家庭为重心的阶段，约从出生到初、高中前。**所以，当孩子还小时，父母要做的事情，就是建立起孩子“听到、了解并执行”的习惯。重点倒不在于孩子做得如何，而是在于孩子是否能依据指令去做。**因此，一旦孩子能做到，你只需要马上赞美孩子的行为，孩子就会很快了解**“听到、了解并执行”**是一件很重要的事。你可以在孩子完成指令后说：“太好了，你照着爸爸妈妈说的话做了。”“爸爸喜欢你照着爸爸的话去做事情。”这些话对孩子都是相当大的鼓舞。

step2 增加指令的分量

一句话有没有分量，看的是亲子间的关系。关系越好，话的分量越重。除了平时维持良好的亲子互动外，说话要有分量，还有几个原则值得注意。

a.说话算话

父母能够说到做到，孩子才会知道你是很认真的。我们有时候会因为许多原因破坏自己定下的原则，这都会为孩子带来不好的示范。记得，你要让孩子听你的，你自己首先要坚持原则。

b.指令不是邀请

在给孩子指令时，语气尽量坚定，减少孩子转圜或是讨价还价的空间。有些家长习惯说："宝贝，帮妈妈把扫把拿来，好不好呀？""小明，帮爸爸把电视关上，可以吗？"这类的指令如果遇到拒绝时，就容易出现争执。你可以说："小明，现在请帮爸爸把电视关上。"

c.制造听话的机会

父母可以先选择一两件孩子容易做到的事情，要求孩子去做。一旦孩子能做到时，只要给予赞美即可，越具体的赞美越好，如："妈妈很喜欢你听我的话，按我说的做事情。"

step3 把指令化繁为简，分段下达

请试着快速念完以下的句子，然后回答问题："小明，你等一下吃饱饭后把语文习题、数学习题、生词还有托管班的英文和联络簿（用来记录学生每天在校行为表现及家庭作业的本子，通常由学生记载老师布置的家庭作业及应记载事项，回家请家长或监护人督促完成签名，回到学校由教师批阅，是亲师沟通和师生沟通的渠道。在我国台湾地区，一般小学、初中学生写联络簿）都拿出来给我检查。你现在给我在十分钟之内把晚餐吃完，不准说话。先吃那条鱼，不要挑食，卷心菜也要吃，那个营养很丰富的，吃不完你别想吃点心。"

现在，请你回想，小明要拿哪几样东西？

发号施令时，记得以简洁明了的原则为主，越简单、越短、越好理解就是越理想的指令。孩子的注意力和记忆力有限，越冗长的指令就越难接收。

step4 请孩子重复指令

要确认孩子是否听到指令的最好方法，就是请他用自己的话把指令再说一次。这样你就可以知道他是否听到重点，孩子也会因为你的确认而提高注意力。

step5 当孩子反抗有理时

当孩子对父母的指令有充分且合理的反对理由时，建议不妨借机对孩子进行教育，沟通彼此的立场，达成共识。如此，孩子不但更乐于遵守指令，也能学到如何合理反映自己的想法，接受不一样的意见，这也是人际沟通很重要的能力。

亲子教养再交流

通常孩子情绪越高涨，不服管教的概率便越高。有些老师会用更高压以及更大声的方式，试图压过孩子的气势，这招通常会有效，但不是每个老师都适用，一旦用了效果不好，很可能你在孩子心目中的威信也会受到损害。**切记：说话的分量，不等于说话的音量，它来自你在孩子心中的重量。**

当孩子不服管教时，有些老师可以用说理的方式快速疏通孩子的情绪。有的孩子僵持时间比较长，因此需要先让孩子把情绪疏通，然后再讲道理。

有些孩子在课堂上就是会做一些和老师唱反调的事情，如扔别人的联络簿、翘椅子、转书、扔东西等，挑战老师的权威。通常这意味着老师和孩子之间可能存在某些紧张关系，因此重新思考自己与孩子的关系或许会有帮助。

有些有经验的老师会私下和孩子一对一地沟通，先赞美孩子的某些表现，然后举出自己观察到的孩子的问题行为，询问孩子原因，然后请他帮忙管理自己，减少老师的压力。毕竟男生讲义气，女生讲意义，当孩子觉得自己是在帮你的时候，无形中也是在肯定他是有能力的。

例句："×××，我发现你最近在（具体事件）的表现相当（赞美），老师很喜欢你这么做。另外，我发现你最近在（时间、地点）时，会出现（行为），这让我很困扰。我猜你似乎有些不开心的事情，是吗？（倾听并同理）我想请你帮我一个忙，这不简单，但是对我帮助非常大，就是（目标行为）。"

一旦孩子初期做了某些努力或是改变，为了延续这种效果，具体而正向的肯定是有必要的。

PSY's comics

1
小明，你等一下吃饱饭后把语文习题、数学习题、生词还有托管班的英文和联络簿都拿出来给我检查。你现在给我在十分钟内把晚餐吃完，不准说话。先吃那条鱼，不要挑食，卷心菜也要吃，那个营养很丰富的，吃不完你别想吃点心。
……吃饭……
2
指令简洁明了最好，别忘记肯定孩子。
小明，请把语文习题拿过来，谢谢！
OK!

孩子容易被一点小事激怒、莫名其妙发脾气

“老师，阿正又在那边发疯了！”莉莉紧张地跑来跟老师告状，“他在走廊边骂晓娟边扔她的东西，别人劝他他都不听。”

“发生什么事情了吗？”老师问。

“不知道呀，他刚刚一下课就追着晓娟骂，他每次都这样，动不动就暴怒，我们也没注意他在骂什么。”莉莉回答。

“阿正，请你过来一下，发生什么事了？”老师急忙走出去把阿正拉到桌旁，而阿正还是一脸红通通、气呼呼的样子。

“都是晓娟那个笨蛋害的，她刚刚发联络簿都乱扔，然后就把我的联络簿扔到桌子下面，气死我了！”话还没说完，阿正又回头对着晓娟大吼，晓娟则无奈地站在门边，一脸愁苦，眼眶都红了，不知道该说什么。

老师请晓娟过来，澄清事情的来龙去脉，说明了原委，然后请两个人互相为自己不当的行为道歉。晓娟道歉后，阿正还是摆着一张臭脸没有任何反应，尽管老师要求，但他仍然无动于衷。最后老师也生气了，命令阿正去教室面壁思过。

阿正在班上有个响当当的外号："爆炸王"。因为在同学眼中，阿正很容易激动，常常涨红着一张脸，好像硬撑的气球快要爆炸一样。他老是因为班上一些不顺心的小事情翻脸不认人，像是别人不小心碰到他、玩游戏玩输了、同学跟他开玩笑过了头、分组没人找他等，整张脸揪得跟包子一样。他生起气来不管不顾，到处破口大骂，久了同学也害怕跟他互动，因为有可能随时被他的情绪"炸"得面目全非。

生活应用解析

“情绪”是我们生命中无比重要的一个成分，它常常低调悄声地躲过我们的注意，全面影响我们的生活、工作、课业、人际关系甚至家庭。在很少的机会下，可能是某次和家人激烈争吵、和朋友倾诉对一段关系的不满、做了某件伤害自己或他人的事，你才会突然注意到情绪的存在，发现它给你带来的影响。于是你突然醒悟：“哇！原来是这么一回事，情绪与我的生活联系竟然这么密切！对我有这么大的影响……”而这个顿悟的时刻以及理解自己情绪的过程，便是“情绪管理”的开始。

情绪管理有另一个大家比较熟悉的名字，叫作“情商：EQ”。EQ 是一个很奇妙的话题，也是许多人关注的问题，甚至对不少人来说是值得投注一生修行的议题。

如果你问心理学家什么是情绪，心理学家会对你说“情绪”由两个部分组成：一个是身体发生的事情，也就是生理的反应，它是一连串生理变化的过程；从全身发热、心跳加快、血压变化、流眼泪到脑袋一片空白都是。另一个部分则是大脑发生的事情，也就是你怎么思考、你的想法；如“我现在难过到想躲起来”“我觉得自己好糟糕，一无所成，我不如去……算了”“我讨厌死他了，我要……”等。身体的状态以及你的想法这两个成分加起来就是情绪。所以你会有焦虑、生气、难过、愤怒、沮丧等情绪，而这些情绪都会出现生理变化，也让你对自己和别人产生一些想法，最后导致行为的发生。

有经验的家长都知道，当孩子因为情绪而做出不当的冲动行为时，往往会破坏他在班上的人际关系，而这又会进一步影响他在课堂中的学习表现，恶化师生关系，最后不仅孩子痛苦，父母也受苦。因此，不当的情绪管理会为孩子带来深远的负面影响。

当你处在生气、激动、焦虑或难过等情绪中，能够在当时的环境中做出适宜的反应，这种能力就是情绪管理。从情绪到行为中间有一个很重要的枢纽，就是大脑的思考与想法。

我们的情绪随着大脑的发展与经验的累积，慢慢迈向成熟，因此大人的情绪状态往往比青少年稳定，而青少年又比小朋友平稳些，这些都是大脑成熟与经验学习的结果。所以，除了时间（大脑发展）因素外，学习怎么管理情绪也是关键。

学习情绪管理的第一步，就是要知道自己有哪些情绪、处在什么情绪状态，这样才能够学习怎么管理这些情绪。

父母可以这样做

step1 “我现在的情绪是……”

知道自己是开心、难过、生气还是紧张，就是情绪管理的第一步。孩子天生就对别人的情绪很敏感，却往往很难马上知道自己的状态。但是这对大人来说较容易，我们可以从孩子的表情、言行、所处的环境以及遭遇的事件中，推断孩子现在的情绪，并且描述给孩子听，例如：“我看到你现在不说话，是不是因为刚刚……所以你现在很难过？”“我听到你刚刚在房间里念叨些什么，是不是因为明天要……你现在有点紧张？”当你对孩子这么说时，孩子就逐渐能够学习到展现自己情绪的方式，以及探索引发这些情绪的原因，他会想：“哦，原来我坐立不安是紧张，而我会紧张是因为明天的考试……”

step2 善用情绪温度计

每种情绪都是有层次和程度的。同样是难过的情绪，有的孩子会一个人静静地坐在椅子上啜泣，有的孩子会找朋友讲话，有的孩子则会在课堂上痛哭不止。因此，除了让孩子知道自己处在什么情绪下，我们也可以帮助孩子去评估情绪的强度，以及如何展现这些情绪（展现的方法，以及对环境影响的程度）。

利用温度计的概念，将情绪用数字划分出不同的程度。比如生气，可以请孩子从 0 到 10（数值越高越严重）评估自己的生气程度，并且带着孩子去看看不同数值下的生气会有哪些不同的生理反应，以及通常会做出什么行为。不只坏心情时可以用，好心情时也适用。

情绪温度计的好处是概念清楚，很容易被孩子接受，又可以将抽象的情绪转换成具体的数字。不但孩子很好理解，大人也可以掌握孩子的情绪状态。孩子在评估时也会学习到情绪与行为之间的关系。（情绪温度计，请参考附录一）

step3 准备自己的锦囊妙计

当孩子能够确切描述自己的情绪，以及评估情绪的强度后，他就开始有能力学习如何处理自己的情绪。

孩子往往不知道为什么要处理情绪，因此我们可以就他的经验，先讨论有哪些情绪反应的结果是他不喜欢的。可以就这个部分讨论如何减少不喜欢的结果，并且带入情绪管理（锦囊妙计）

的技巧。

困扰每个孩子的情绪都不一样，但是我们可以从他的经验中，帮他整理出几个曾经试过并且有帮助的方法，作为他的锦囊妙计。如果孩子过去没有处理情绪的经验，父母也可以和孩子一起讨论几种可能引发麻烦的状况和应对的方法。

在与孩子讨论锦囊妙计时，有几点原则。

a.转移注意力　b.自我对话　c.放松练习

孩子有情绪时，常常会在当时的环境里越陷越深，因此最简单而直接的方法，就是将注意力从困住他的环境、想法或是人事中抽离出来。父母可以教孩子使用自我语言教导法，并且大声念出来示范给孩子看。这是一些告诉自己去做（或不要做）某些事的简单句子，例如："他让我很生气（情绪），我现在要离开教室（行动／策略）。""我现在很生气（情绪），所以我要跟老师说我需要洗把脸（行动／策略）。""我很紧张（情绪），所以我要做一下深呼吸，再继续下去（行动／策略）。"

这些句子练习久了，就会变成孩子思考的惯性，而合理的思考就会进一步引发适当的行动。

亲子教养练习题

试试看和刚发过脾气的孩子对话。

家长："你有没有发现，当你的生气值到8时，你会做些什么事？"（询问孩子某情绪状态下的行为）

孩子："嗯，我的身体会很热，会乱扔东西。"

家长："好像还会踢椅子，对吗？"

孩子："有时候。"

家长："如果在班上这会有什么影响呢？"（引导孩子去看自己行为带来的后果）

孩子："嗯，老师不喜欢，同学也会觉得我怪。"

家长："如果一直这样下去，每次生气都这样，会有什么结果呢？"（带孩子评估生气的实质后果）

孩子："我猜可能同学不敢跟我玩吧……"

家长："这个后果你喜欢吗？"

孩子："不喜欢。"

家长："你比较喜欢什么样的后果呢？"（带入孩子的期待）

孩子："同学跟我一起玩，不会怕我。"

家长："那是不是代表，如果你生气的时候，不踢桌子、扔东

西，同学就会愿意跟你一起玩呢？”（引发改变的动机）

孩子：“嗯嗯，对。”

家长：“那我们来讨论有什么方法可以帮助你吧！”（带入主题：情绪管理）

亲子教养再交流

情绪不是问题，只有当孩子展现情绪的方式与强度已经对自己与环境造成干扰时才是问题。因此，遇到类似问题时，老师也可以采取类似情绪温度计的方法，让孩子在事后去评估自己当时的情绪强度（自我觉察），讨论行为的结果他是否喜欢（引发和老师合作的动机），可以用哪些方法避免类似的情况再发生（因应技巧的练习），**老师可以每周或每月评估孩子改善的状况，并且告诉他你看到他的努力与改变，和他讨论这是怎么办到的。这将会让孩子知道你注意（在乎）他，并且也相信自己有能力管理自己。**

PSY's comics

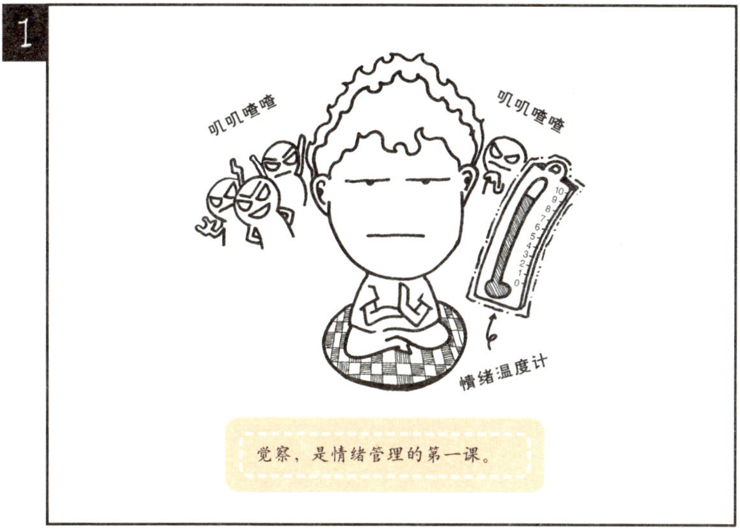
1
叽叽喳喳
叽叽喳喳
情绪温度计
觉察，是情绪管理的第一课。

2
我不行了，快来冷静！
冷静之泉
每个人都能找到让自己冷静的方法。

和同学一有争执
就成了脏话大王，
“出口成脏”
3
生活应用题

“老公，小君又对同学讲脏话了，老师在联络簿上写了。”陈妈妈说。

“讲什么脏话呀？”陈爸爸没好气地问。

“老师没说，我们找小君问清楚。小君！你过来！”妈妈朝小君房间喊。

“听老师说，你今天又对同学骂脏话了？”妈妈问。原本兴高采烈的小君低着头，默默看着地上不说一句话。这时按捺不住的爸爸不待小君开口，便接着开炮了：“你骂什么？你凭什么骂脏话？混蛋，你知不知道这样很糟糕，你以为你是谁啊？你下次再给我骂一次试试看，你就死定了！”爸爸对着小君咆哮。

全家顿时陷入火爆的硝烟味中，妈妈赶紧出来打圆场：“好啦好啦，爸爸你先不要说话啦，让小君解释一下呀！”

“解释什么？这有什么好解释的？在学校讲脏话就是不对呀！笨蛋，说话都不会看场合！找死呀你！”

妈妈劝不动爸爸，只能轻轻地叹一口气，爸爸则继续拉开嗓门大声骂。小君终于勉强挤出一句话：“可是，这又没什么，而且是小宝先骂我的，我才会骂他智障加白痴……”

“在学校可以骂脏话吗？连这个都搞不清楚，你是笨蛋吗？被你气死了！在这边罚站到我说‘好’为止！”气呼呼的爸爸扭头就离开。被臭骂一顿的小君，一边面对墙壁一边默念：“你还不是一样……为什么你们大人就可以？你可以说一套做一套，还不是因为你是大人……”

生活应用解析

孩子骂脏话通常有几个可能：骂脏话是孩子同学间的次文化，骂脏话能增加被朋友接纳或被注意的机会，孩子遇到挫折心情不好，孩子对骂脏话感到新奇刺激，或者骂脏话是模仿的结果。少部分孩子会随时“出口成脏”，并且用词相当恶毒伤人，不但对同学如此，对大人也不客气，此时就需要更大的心力来帮助孩子。

有时候孩子聚在一起，当其中一个孩子说出脏话时，其他孩子会觉得好笑跟着竞相模仿，然后彼此取笑。他们的目的只是为了好玩，不见得真正了解脏话的意思，以及被取笑者的心情。而部分状况下，孩子骂脏话可能是因为遇到挫折，像是跟同学吵架、做错事被老师责备等。这时因为情绪无从宣泄，加上激动的状态降低了对行为的监控力与自制力，脏话就随着负面情绪脱口而出。但不管说脏话的原因是什么，我们都可以确定，脏话的内容都是学来的。

既然脏话是学来的，这代表孩子也可以学习用别的方式来替代脏话，更重要的是，孩子怎么看待说脏话这件事、怎么判断说脏话是好还是坏，也是可以学习的。

父母可以这样做

step1 你是否成为孩子模仿的对象？

孩子的表达、语言或行为，多半是模仿来的，而父母则是孩子优先学习的对象。因此，当孩子开始说脏话时，父母可能要反省自己是否无意间成了孩子模仿的对象。如果有类似情况，父母需要做一些调整，在家中和孩子面前减少脏话的表达，甚至不慎在孩子面前让脏话脱口而出时，也要马上跟孩子道歉。

step2 说脏话是不能踩的行为地雷

带着冒犯、侵犯意味的不当言辞，需要立即被阻止。当孩子说脏话时，不管是无意还是冲突，父母可以马上停下来，很明确地对孩子说：“我不喜欢你说（孩子说的脏话）这个字，这个字让我有被污辱的感觉，对我很不尊重，你知道吗？”通常年纪大一点的孩子可以理解，年纪小的孩子也会因为你生气或变严肃而知道这是不当行为。

有些孩子会利用其他方式间接表达，规避直接说脏话会受到的处罚。通常孩子这么说是因为觉得好玩，也因为他知道这是不适当的表达，才会用迂回的方式说出口。我们只需要确定孩子知道这些话是不适当的即可，孩子会判断在什么场合该怎么说。通常这类孩子在听到大人说脏话时也会纠正大人，遇到这类情况，应该立即和孩子道歉，并且肯定孩子有这份自觉。

step3 用其他语言替代脏话

我们生气时都免不了会口不择言，更何况是孩子！因此当孩子骂脏话时，父母可以带着孩子学习用其他的语言替代。比如你可以教孩子在生气时用“太可恶了！”“太过分了！”来表达，这么做有两个好处：首先，生气或负面情绪是无法避免的，但是学习用合理的方式表达，可以减少冲突升级的可能，减少伤人伤己的机会。

其次，当孩子用这些语言表达时，他同时也在学习觉察自己的情绪，练习用表达情绪的字眼描述自己的状态。一旦孩子可以描述自己的状态时，他就能够更贴近真实的自己，学习处理自己的情绪，而不是用更多脏话或攻击来表达。有些孩子说脏话或攻击别人，是因为他不知道如何表达自己的情绪。

通常让孩子学习用替代语言表达时，父母最好同时搭配奖励，比如，一旦听到小朋友对你说："我觉得心情不好……""这件事真是气死我了……"可以具体肯定他的表达方式，因为这代表他试着用新的语言表达自己的情绪。

step4 处罚是否有必要？

很多家长听到孩子说脏话的第一个反应是："你敢再讲那个字，我绝对会把你打死！""你敢再说一次试试看！"通常用恐吓或是威胁的方式都很有效，只是孩子同样也学到用胁迫或暴力的方法解决问题或压抑情绪。因此，家长可以自行决定，是否要让孩子以后都用这种态度来待人接物。

我们可以想象一下，一个在学校和同学说"你要是不……我绝对会……"，在职场中和同事说"你不帮我，那我就不要……"，在冲突中和对方说"你找死是不是？你死定了……"的人，是不是你对他的期待。如果不是，父母就该避免成为不良示范。

亲子教养再交流

大部分孩子在老师面前说脏话，如果是玩笑性质居多，通常警告后就会有改善。少部分孩子说脏话，是因为有强烈的情绪或行为问题，因此说脏话并不是他们最主要的困扰，但是因为违反带班原则，我们还是有必要针对说脏话的行为做处理。

除了按班规处理外，既然情绪才是孩子说脏话的主因，那处理孩子的情绪将是优先选项。你可以私下和孩子厘清说脏话的原因，并且让孩子知道他的行为让你困扰，不仅影响到你的原则，也会让你感到难过（不舒服）。有些脾气顽劣的孩子，不太吃管教那一招，甚至戗老师也是家常便饭。面对这类孩子，情况往往也复杂得多。最理想的方法，是花时间经营和孩子的关系，你越能够了解孩子的困难，你和孩子的关系会越好；关系越好，问题就越少。

PSY's comics

我不会严厉
惩罚小孩，
为什么他做错事却要
对我说谎？
4
生活应用题

“请问是小明妈妈吗？您好，我是吴老师，您在忙吗？”电话那头传来班主任的声音。

“老师好，不忙不忙，您请说，怎么了？”小明妈妈放下了手边的工作，竖着耳朵专心地听着。

“打扰了，是这样的，我最近发现小明每隔几天数学作业就会没写，这几天稍微注意了一下，我发现他会把不想写的功课从联络簿上擦掉，躲避写功课。所以想让您先知道一下，也可以在家和小明讨论这件事。”

“这样呀！太可恶了，回来我好好问问他，谢谢老师。”妈妈挂上电话，想着晚上要怎么跟小明讨论这件事情。

晚上，全家人吃完饭后正在清理碗筷餐桌时，妈妈趁着和小明聊天的机会问起他在学校的近况：“你最近的联络簿是不是有漏抄的情况呀？”妈妈谨慎地开口。

“没有呀。”小明若无其事地回答。

“我听老师说，你最近抄联络簿时好像有些作业没有抄到，所以就没有写？”妈妈进一步地试探。

“没有呀，老师搞错了吧，应该是别人。”小明继续边说边擦桌子。

“你确定吗？”妈妈还是不死心。

“嗯，对呀！”小明看着桌子陷入了沉默。

生活应用解析

发现孩子说谎时，先别急着生气，你必须了解“说谎”代表孩子的大脑功能进步了！为什么这么说呢？父母可以想想看，孩子要说谎，代表他必须综合目前掌握到的信息，将事实通过数据的调整跟安排，重新塑造出一个表面合理，并且不会被发现的说法（谎言）。这涉及的能力相当多，不是每个孩子都能够办到的。

虽然话是这么说的，但是当大人遇到孩子说谎时，往往心里会慌张，脑袋里会冒出一堆令人七窍生烟的想法：你这小鬼怎么可以公然挑战大人的权威？你这样会破坏彼此信任的关系。你难道不知道这是重大的道德缺点吗？越想不免越生气，因此音量也就越来越大。这时不妨先冷静下来，让我们了解一下到底发生了什么事情。

孩子为什么要说谎呢？其实父母只要想想自己小时候的经验，就可以理解孩子了。孩子说谎，通常有几个原因：1. 逃避处罚；2. 得到奖赏；3. 照样学样；4. 搞不清楚状况。

1. 逃避处罚。很多历史故事都告诉我们，当一个政府对百姓高压统治、鱼肉民众时，人民不是逃避就是反抗。家庭也一样，当掌权的父母总是以极高的标准看待孩子的表现，并进行严厉处罚时，孩子为了躲避处罚，说谎便成了选项之一。

在学校，孩子面对不想写的作业或自己做错的事情时，也会用说谎来逃避。

2. 得到奖赏。有些孩子能力或条件不好，但是希望别人可以认为自己很厉害或希望得到自己想要的奖励时，也可能会用说谎来满足自己，如夸大自己的能力和表现。有的孩子则是捏造家务记录或是阅读记录，只为了得到老师的奖赏。少部分孩子，父母因为工作太忙或家庭因素，很少有机会陪伴孩子，因此孩子会用说谎的方式来获取大人的关注。

3. 照样学样。如果孩子在家里看到大人用说谎来解决问题，那么孩子很快就会开始跟着说谎。

4. 搞不清楚状况。有些孩子注意力松散，因此容易分神，不是话听一半就是搞不清楚状况，对得到的信息也一知半解，就以为是事实而做出反应，通常大人对此除了苦笑还是苦笑。

父母可以这样做

step 1 厘清孩子说谎的动机，点出孩子的需求

尽管说谎的理由有千百种，但对绝大部分孩子来说，说谎会

引发一连串的生理反应，包括瞳孔放大，心中会弥漫一股不安、担心的不适感，因为他们知道这是不对的行为。

当父母觉察到孩子说谎时，通常通过询问就可以经由孩子的反应知道他是否说谎。有的孩子在一到两次的询问后，原本斩钉截铁的态度会变得犹豫，当他说出“应该是吧”“我有点忘记了”，或是开始沉默不语时，代表他开始在说谎与不说谎之间感到为难与矛盾。

这时可以温和地和孩子说明，是因为要了解他的想法以及说谎原因，然后才可以共同讨论解决的办法。当孩子放下担心时，就比较能够说出背后的担心或原因。**我们可以理解孩子不喜欢被处罚或想要得到奖励的心情，但同时也可以让孩子学习到，有时学习去面对恐惧，去努力争取喜欢的事物，就是充满勇气并且令人敬佩的一件事，而这日后也会是孩子重要的无形资产。**

step2 对说谎采取的态度：你这么做令我很伤心

我们希望孩子能够了解在某些情况下，说谎是一件有道德瑕疵的事情，也会破坏彼此的信任关系，同时也希望孩子能够学到对说谎的价值判断。因此，建议爸妈可以从说谎的行为让你们感到伤心，以及说谎是如何破坏彼此之间互相信任的宝贵关系两个角度和孩子讨论。

有些家长认为对孩子表露自己的伤心是一种情绪勒索，这是一个误会，因为勒索的意图是在为自己谋利，但表露情绪的意图是担心孩子，两者的出发点完全不一样。

当孩子知道说谎会带给爸妈心理上的伤害时，孩子也会很难过，他会开始思考与判断这个行为的后果。这一层面的思考与顾虑会成为他说谎时的刹车系统，于是孩子选择不做，避免自己的行为让所爱的人难过。

step3 处罚还是不处罚？

处罚还是不处罚，是一个很难回答的问题。从心理学的角度来看，处罚的目的在于让孩子了解说谎是不对的行为，因此当他说谎时，必须付出相对应的代价，这才是处罚的真正意义。因此，当我们依照上述流程处理完后，也可以采取扣点、设置隔离时间、减少特权活动或是周末禁足等处罚方式，选取哪一种处罚方式依据孩子说谎的情节与严重性而定。我并不鼓励体罚，通常父母一旦拿捏不好，不但容易破坏亲子间的关系，也会让孩子更善于用说谎的方式逃避责罚。

亲子教养再交流

孩子在学校说谎时，处理原则只有一个：厘清孩子说谎的原因，并约法三章。

当证据不充分，而孩子仍然否认时，你可以坐在孩子的正对面，看着他的眼睛，请孩子看着你，温和但严肃地说：“你的意思是说你（说谎的内容），你现在看着我并且回答我，你确定你说的正确吗？”通常大部分孩子会出现扭捏不安、眼神飘移或是紧张的反应，这时可以再询问：“我再给你一次机会，把你知道的部分说清楚。”

当孩子说完时，我们可以让孩子理解说实话的确是很困难的事情，但我们很高兴他这么做，并且讨论下一次类似的事情可以怎么处理。

有些说谎成性的孩子，通常可能伴随某些临床上的表现或是受家庭因素影响，建议务必到相应机构寻求协助。

PSY's comics

1
你是不是去玩水了？
没有。
湿答答～
湿答答～
湿答答～
2
妈妈怎么看出来的？
处理说谎最重要的原则之一，在于培养孩子勇于承担的勇气。

PART 2 冲动搞破坏的孩子

孩子升上
中年级后，
总是和同学吵架、
发生口角
5
生活应用题

小华今年四年级，爸妈平常管教严厉，只要小华表现不好被老师写在联络簿上，回家铁定要挨妈妈一顿骂，有时严重到连晚餐都没得吃。

小华升上中年级后，跟同学玩游戏偶尔会发生小争执，后来次数越来越多。从这学期开始，小华几乎每天都会跟同学起冲突，所以在班上朋友不多，常常十分钟的下课时间就会被同学一状告到老师那里："老师，小华他刚刚朝我们扔铅笔，他嫌我们吵就故意扔东西。""我只是说小华今天考试考不好，他不开心就踢桌子扔椅子。"

老师找小华了解情况，但他只是沉着脸不愿意回话，问到最后老师也不免动了气，于是几乎天天把小华在学校的不良表现记在联络簿上。

生活应用解析

每次只要听到小朋友跟别人起冲突，我们都会触动敏感神经，脑海中马上浮现各类社会新闻的斗大标题，于是我们使尽力气严厉处罚，担心将来孩子走偏。

父母的担心永远是合理的，但是有一件事情我们应该要记住：冲突是结果，孩子在冲突还没爆发前，其实已经有许多事情先发生了，而这些事情才是关键。像是发生了什么事（误会、拒绝、挑衅或是霸凌）、孩子是什么个性的人、孩子当天的状态如何（可能早上才被爸妈取消周末的电脑游戏时间）、孩子跟对方的关系如何（平时就互相看不顺眼）、以前冲突的经验（以前用过同样的方法，每次都可以吸引同学的注意），以及家庭教养，等等。因此，厘清冲突前的各种原因非常重要，如此才能权衡事件的严重性与责任的归属，并做出适当响应。

中年级开始，孩子在学校的时间变多。班级秩序的要求提高，科目多、课业重，人际关系也变得复杂许多，有些孩子的个性容易引发误会，像是玩游戏时太急而破坏规则、无意间侵犯到同学、在课堂上没有注意到老师还在讲课而直话直说。一开始别人或许不在意，但长期下去，孩子很快就会得到“捣蛋鬼”的封号。当没朋友愿意跟他玩时，他开始用谩骂、扔东西的方式来引起注意，同学越排斥，他便越受挫，于是怒气变本加厉成了言语攻击。当老师来处理时，孩子知道一旦被写在联络簿上，回家一定又是挨骂，因此宁可选择沉默或避重就轻，也不坦承，于是师生之间的关系便日益恶化。

父母可以这样做

step1 冲突是绝佳的学习机会

大部分孩子都喜欢跟别人互动，但是每个孩子建立人际关系的方法不同。有的孩子会先观察再慢慢融入，有的不管三七二十一看到人就直接“杀”进去，有的孩子只是坐在那儿什么都不做，人家自然就靠上来。无论如何，我们可以确定的是，只要孩子每一次人际冲突的细节有被公开讨论的机会，孩子就能在明理的讨论中，学到大人所期待的技巧。因此，以小华的例子来看冲突发生的过程：

1. 冲突发生前→同学不让我加入他们的游戏。

2. 冲突中→我很生气，我把修正液往他们的方向扔。

3. 冲突后→他们向老师告我的状，我更讨厌他们了。

整个过程，都可以这样跟孩子逐一地厘清（就是上文说的事件前、事件中以及事件后的每一个步骤），每一个环节都可以讨论如何达到孩子原本的目标（想跟同学玩）。在鼓励的氛围中，孩子知道大人的期待，也增强了尝试的动机。当孩子与同学的关系慢慢改善时，情绪也会跟着缓和，在班上不当的行为也会减少。（这里可以配合情绪温度计使用。）

step2 冲突时的五字诀

有时孩子在跟别人发生冲突时，没有具体策略或方法告诉自己该怎么办，就只能继续待在冲突的现场，然后两个人越吵越凶。有时候来不及反应，冲突就加剧了。所以孩子需要明确好记的指令来依循，帮助自己走出紧急的情绪状态。冲突发生时可以利用“冲、脱、泡、盖、送”五字诀。

1. 冲：冲突发生、马上警觉（爸爸妈妈和孩子一起讨论什么是冲突）。

2. 脱：脱离情境、避免恶化（三十六计走为上策）。

3. 泡：泡冷水、降温法（孩子要觉察自己的情绪，搭配情绪温度计使用）。

4. 盖：盖世武功此刻用（情绪管理的锦囊妙计）。

5. 送：送走坏形象、增加好人缘（提醒孩子要制定情绪管理的目标，增强动机）。

父母可以教孩子在每一次的冲突中试着按照这五字诀来处理，也可以让孩子做监督自己执行状况的检查表。不过要记得，当你希望孩子熟悉五字诀时，要先从他的目标（建立人际关系、师生关系等，增强孩子愿意尝试的动机）开始，告诉他五字诀可以帮助他达到目标，让孩子对五字诀有好感也愿意用。当他慢慢熟记、习惯五字诀后，就会将五字决内化成处理冲突时的直觉原则。

step3 体罚的效果是暂时的，付出的代价是长久的

大部分父母都希望自己的孩子表现好，因此，每当孩子出现不好的行为时，父母心中有一部分声音会责怪自己没有善尽管教责任。因此我们会生气，不仅对孩子，也对自己。然后我们会处罚孩子。有些家长深信体罚能够减少不良行为的发生。

事实上，体罚或恐吓能够暂时减少不当行为的发生，但行为之所以减少，是因为孩子讨厌被处罚，而不是觉得自己的行为本身不妥。就像是有些人骑摩托车戴安全帽是因为不想被警察开罚单（处罚），而不是真的觉得安全，因此一旦警察不在，安全帽就成了装饰。而且实施体罚的人（多半是父母或老师），往往也会付

出和孩子的关系陷入僵局的代价。更值得注意的是，孩子同时也会学到，原来我们可以正当地用暴力与恐吓来解决生活中的问题。

step4 孩子永远都是用眼睛，而不是用耳朵学习

管教并不只是处罚，也包含教育的成分，然而这往往是我们在面对孩子的教养时最容易忽略的部分。我们不仅要规范孩子的行为，也要为孩子提供学习、模仿的对象。不论是在人际关系、情绪方面，还是在做事的态度上，最好的学习对象就是家长自己。因为父母就是孩子天生的偶像，孩子模仿你说话、模仿你行动，也模仿你处理事情的方法。

因此，在面对孩子的不当行为时，**家长要先思考的是“我希望孩子将来长大后是什么样子”，再从这个目标所需具备的能力开始，让自己成为孩子的示范。**

你希望孩子明理，你便需要给予孩子讨论的空间；你希望孩子诚实，你便需要为自己的失信向孩子道歉；你希望孩子努力，那么，你便要让孩子看到你对生活也同样投入。你不希望孩子在学校打人、“出口成脏”，在家中就应该避免用这样的方式互动。

千万别忘了，孩子的眼睛长在耳朵前面。因此，画面比声音更有说服力。

亲子教养再交流

在教育现场厘清孩子争执的原因时，大部分的孩子都可以直接表达。所以，当孩子不说时，想必是有他自己的担心、困扰和忧虑。此时如果可以先探讨让孩子担心的问题，便有可能引导孩子说出自己的想法。

面对孩子的沉默，我们可以这么说：“老师想要帮助你，所以我必须了解刚刚发生了什么事情，但是我看到你现在闭着嘴巴，似乎心里有一些担心，这时候要说这些对你似乎有些困难，何不试着让老师知道，你在担心什么？”

一旦孩子愿意说出自己的担心，我们就能够从此处着手，继而回到原本争执的事件上。当孩子担心老师写了家庭联络簿，回家又要挨骂时，老师或许可以思考，你的目标是要提高和孩子日后持续沟通的质量，还是要让家长继续用孩子害怕的方式处理他的不当行为。

PSY's comics

孩子生气时老是暴力相向、破坏物品，怎么骂也不听

小嘉从三年级开始就是学校的“知名人物”，每次只要教务处广播，几乎都会听到小嘉的名字，可说是名副其实的“校园破坏王”。

开学才没多久，小嘉的爸妈就因为他的暴力行为被请来学校。老师说小嘉只要与人吵架，手打脚踹就只是开胃菜，他的大绝招是“十字锁喉手”，这招一出来，就一定要等到被老师或同学架开为止。到了下学期，小嘉开始会在课堂上与班主任对呛，或是当着老师的面顾左右而言他、对同学扔掷物品，就算老师每次私下和小嘉讨论完，会有一阵子平静期，但没隔多久又故态复萌，而且小嘉每次都把责任推给别人。

学校开了一次次的会议，但小嘉的行为并没有因此改善，让其他学生家长相当不满，希望他可以转班或转校。而爸妈骂过、打过也威胁过，都无济于事，只能相视无言。

生活应用解析

校园暴力几乎无处不在，不限学校班级。究竟什么是暴力行为？简单来说，任何存心让别人受伤（身体及语言的伤害）或破坏物品的行为，都是暴力行为。

孩子在学校打人或破坏物品时，父母知道后多半会气得要死，马上开骂体罚禁足再扣零用钱。虽然我们都知道纠正孩子的偏差行为很重要，但厘清孩子暴力的动机才能真正解决问题。同样的行为，背后的意义可能完全不同，有的孩子因为一时气不过而揍人，有的孩子只要一言不合就先打再说，有的则是被逼到无路可退时出手，有的则是乐此不疲。

当孩子总是出现暴力行为时，可能同时会有以下几点原因。

a.情绪的问题

孩子的情绪总是和家庭连在一起，当家庭出现变动时，孩子的心情也会跟着起伏，如果长期处在躁动不安的状态中，孩子出现攻击行为的概率也就相对提高。有些孩子的状态与家庭无关，但他的情绪调节力可能出了问题，导致情绪起伏过大、容易冲动，等等。

评估孩子情绪是否存在严重的困扰，方法就是看他情绪来时，强度多大、持续多久，情绪与事件的对应关系是否合理。一般来说，孩子的情绪往往在几分钟内便烟消云散。如果孩子表现出来的情绪持续很久（超过一堂课），强度过高（老师说一句话，孩子马上暴跳如雷、怒不可遏）或与情境不一致（用很开心的口吻描述难过的事情），都值得家长进一步注意。

b.自尊的影响

有些孩子的自尊心过强，无法容忍别人对自己任何形式的批评，然后又用过度膨胀的方式在班上逞凶斗狠、和师长对立或破坏物品。通常这类孩子与负面、否定、贬抑的家庭教育风格或长期丧失功能的家庭结构有关。

c.独特的个性

有些孩子活动量大、自我控制力弱，焦点常放在自己身上，不在意别人的处境，也很难理解别人的心情。有的孩子则是对别人的行为或言语，有一种负面的解读风格，容易把别人无心的言语视为针对自己。

d.临床上的问题

少部分天性好动停不住或个性固执、情绪容易起伏的孩子，当有情绪或冲动时，若缺乏适当协助，有时忍不住也会出手。通常这种困扰会跟着孩子好一段时间，就算接受药物治疗，冲动行为有时也不见得会有改善，但通常随着年纪增长，状况会有所趋缓，前提是父母必须提供必要的管教与协助。当孩子的暴力行为可能是以上原因时，建议最好能与心理专业人员合作，让专家来协助。

父母可以这样做

step 1 你如何对待孩子，孩子便如何对待别人

孩子对自己言行好坏的判断依据，最先来自家庭。家中大人的互动模式、行为反应，都会直接复制进孩子大脑的行为清单中。因此，有些孩子的不当言行，往往就是家族印记的再现，通过复制持续在下一代展现。

所以，当孩子出现暴力行为时，首先要反省是否家中为孩子提供了学习暴力的渠道。如果有，那么父母必须做出改变，如果源头不改，很难期待孩子会有任何改变。

如果孩子的暴力行为不是从环境中学习来的，而是偶发的事件，通常父母严肃告诫并做出适当的处罚就可以改善。但如果暴力事件持续不断地发生，就有必要了解孩子暴力行为背后的原因。

step2 当情绪造成暴力行为时

愤怒的情绪往往会造成孩子不成熟的理智系统瘫痪，增加攻击的机会。当情绪是造成暴力行为的主因时，重点就要放在厘清孩子情绪的前因后果，以及让孩子学习正确表达情绪的方式上。通过和孩子的对话与澄清，才能了解他行为背后的原因。而大人明确告知孩子行为的底线以及演练如何适当表达情绪，才能减少暴力行为的出现。当孩子越过行为的红线后，父母可以采纳以下处理建议。

a.立场要一致

处理和孩子有关的任何问题，父母的态度都是非常重要的！模棱两可的态度，就是变相鼓励孩子钻漏洞。父母必须对问题有共同的认知，坚定一致的立场，清楚告诫孩子行为的严重性以及父母的底线，才能够在面对孩子的暴力行为时做适当的处置。

b.赏罚要分明

父母共同制定清楚具体的行为标准，并依据孩子的喜恶，提供适当的奖励或处罚。

孩子表现出符合要求的正确行为时，立即做出具体的赞美。如果口头赞赏效果有限，也可以提供积点换奖励的方法，用良好行为来累积点数，换取想要的亲子同乐、上网、打电子游戏时间等。集点数的方式对一到六年级的孩子都相当适用。

很多父母奖励的方式都是直接给钱，省时容易，但并不是好方法。因为孩子胃口容易被养大，要求更多更昂贵的东西，同时也学到不正确的金钱观（甚至反过头来威胁爸妈不给钱就不做事）。所以，用点数的好处更多，不但可以省下一笔可观的费用，也可以帮助孩子学习社会规则运作的模式（用劳动交换酬赏）。

当爸妈在事前清楚地和孩子说明过暴力行为的处罚方式（取消或限制孩子喜欢的活动、享有的特权、周末禁足等）后，就应该做到“立即处置为原则，以身作则为常态”。某些孩子面临处罚时，一开始可能会有很大的情绪反应甚至冲动行为，但如果父母在事先就和孩子说明过处罚的理由和方式，而孩子也同意，那么父母最好能够坚持原本的处罚，并且等孩子冷静时，请他自己说出被处罚的理由（反省的能力），并且做出下次会改进的承诺

（自我监督与承诺）。

c.后果要承担

当孩子的行为导致他人受伤或物品损坏时，父母在处理的过程中，应该让孩子在旁边看着，让他知道自己行为的后果。尤其当有人受伤，父母前往对方家中致歉时，也应该让孩子在场一起开口道歉，甚至写下道歉信。如果孩子破坏物品，应该从孩子的零用钱中定额定期扣除与物品等价的金额。这些处置都在告诉孩子：“你必须为自己行为所造成的后果付出代价。”

亲子教养再交流

老师通常习惯快速解决问题，然而暴力背后的成因复杂且多元，动机是孩子攻击行为严重性的主要参考点之一。

学校内任何形式的暴力行为，都应该厘清原因，并且对所有相关人员进行清查处置，这样不但可以树立老师的威信，也能降低日后暴力发生的概率。

特殊儿童的暴力行为，需要更长期的对策来处理，这部分有赖于老师、家长及特教人员的共同合作才能发挥功效。对于一些惯性暴力的孩子而言，家庭可能是暴力行为的发源地。仔细探究，这些孩子的家庭功能多半也存在某些障碍与困难，因此亟须转到相关机构处理。

PSY's comics

1

处理暴力行为的重要原则是……

2

家长态度一致，而当事人必须付出相应的代价。

7

孩子老爱在上课时
叽叽喳喳地说话、发出怪声，
甚至捉弄同学

生活应用题

“12 乘以 7 的竖式怎么写？有没有谁要上台试试看？”老师在台上问。

“老师！这道题我会！选我选我！”小明高举着手喊。

“好，小明你上来写。”只见小明一边欢呼一边飞快地走到台上，卖力挥动手中的粉笔，在老师的题目下方画了一个大大的问号。

“你画这个是什么意思呢？”老师转头问小明。

“就是……我也不知道的意思呀！”小明的回应让全班都大笑了起来

“安静！安静！”老师只好挥挥手，叫小明下去，告诫他以后不知道的话就让会的同学试试看。

小明在班上常常让老师感到困扰，除了故意回答老师错的答案外，他还会在上课时和身边的同学说话、发出怪声，或是随意站起来四处走动，整堂课除了上厕所不在教室的那几分钟外，他几乎没安分过，让老师感到很苦恼。每次老师都会当场劝诫，但不到几分钟，小明又开始把桌上的色纸折成纸飞机，向后面的同学射过去。

老师私下把小明叫到旁边说理，之后几堂课他还能安静一些，但是好景不长，不用多久便故态复萌。老师曾经担心小明会不会是因为罹患了注意力缺陷多动障碍[1]，才造成活动力这么旺盛，不过爸爸妈妈带小明到医院评估后，并没有得到明确的答案。

---

1 注意力缺陷多动障碍（Attention deficit hyperactivity disorder，ADHD）：一种出现在童年早期的神经生理疾病，三种主要症状包括：不专心、过动及冲动。不少症状会持续到成年以后。通过药物、行为矫正及脑电生物反馈治疗能够有效改善症状。

生活应用解析

当得知孩子因为干扰行为被老师写联络簿时，父母大概都会先教训一顿孩子再说。

然而，造成孩子干扰课堂的原因很多，从生理到心理的都有可能，除了注意力缺陷多动障碍外，有些孩子天生就比较容易注意力飘移，难以专注；有些孩子活动力旺盛，叫他安静坐着很痛苦；有些孩子不但注意力敏锐同时活动力也旺盛；有些孩子是因为太聪明，一听就会，再听就无聊，听四十分钟就抓狂；有些孩子则是理解力不好，老师说什么都听不懂，只能找些事情来做。有些孩子可能没有上述问题，但他跟老师或同学间的关系有问题，所以故意在课堂上来这么几回，试探老师的底线，意图激怒老师或同学作为报复或宣泄情绪的手段。也有些孩子可能基于自己内在的需求，通过这些方式引起大家的注意。

因此，我们的当务之急，就是试着了解孩子在课堂上的状态，是什么原因引起的。

父母可以这样做

step 1 找到集中注意力的方式

各位读者请回想看看，你曾参加过的一场枯燥冗长又不能中途离席的会议。当讲师在台上讲着一大堆索然无味的专有名词时，你是怎么度过那段时间的？很多人可能第一个反应是：“我不知道……因为，我睡着了……”

如果我们把同样的场景搬到学校，背景换成教室，讲师变成老师，台下则是孩子，他们要连续四十分钟把屁股粘在椅子上，眼睛随时注意黑板，耳朵听着老师的讲解。如果上课的内容很枯燥乏味，这对孩子简直就是一种惩罚！

当老师的影像越来越模糊，孩子的脑袋越来越空白时，代表注意力开始涣散了，这时候动一动，可以帮助他们把注意力再拉回来。

每个孩子有他保持注意力的方法，有的孩子可能边玩橡皮擦才能边专心上课，有的孩子则需要通过走动或是肢体的舒展，才能让注意力更聚焦。可以观察孩子平常在家阅读或写作业的习惯，评估孩子专心的方法，再和孩子一起讨论可以替代且干扰比较小的方式，并且让老师了解。

step2 先把情绪宣泄完，再来处理事情

让孩子先把情绪宣泄完，再来处理事情。

孩子没有其他生理问题，但跟老师之间的关系有问题，因此孩子的干扰行为，本身就是一种蓄意的表现。他通过这种方式表达心中的不满，但往往也更加激化师生之间的对立与冲突，甚至影响班级的氛围。

孩子的干扰行为大多缘自对老师的不满，理由琳琅满目，从上课的方式、计分标准、班级管理到师生互动，都可能是孩子不满的理由。有些孩子不喜欢老师用上台讲课的方式，所以让自己表现失常；有些孩子讨厌老师使用的词汇，感觉很伤人；有些孩子在课堂上常因为过错被记缺点，久了之后便开始对老师产生怨怼。

许多这类的孩子都有一个共同点，就是他们觉得老师都是针对自己，因此把对老师的不满用行动表达出来。他们可能早就忘记自己被针对的原因，往往都是自己先做了某些干扰的行为。

不讳言，师生间的冲突，往往是一个互相累积的过程，并非百分之百都是孩子的问题。因此，处理的关键也在于师生的关系。

当面对孩子因为不满、愤怒等情绪所造成的干扰时，通常我们会先听听孩子不满的内容是什么，原因在哪里，让孩子把情绪先宣泄完之后，再来讨论他表达内容的方式是否恰当，以及让他学着用其他的方式处理不满的情绪。

我们可以这么问孩子："听老师说，你最近在（课程名称）上和老师处得似乎不太愉快，我想听你说一说发生了什么事情（让孩子说出他的情绪、看法以及立场），然后我才知道可以怎么帮你/我们也可以来讨论怎么处理。"

另外，让孩子自己监测课堂上的心情及干扰次数，也是可以考虑的方法。父母可以用孩子的课表当作情绪温度计及自我行为记录表，让孩子在每一堂课记录他的情绪温度（从0到10，数值越高代表心情越好）以及干扰次数，通常孩子愿意记录时，便会开始留意自己干扰行为的频率与心情，并逐渐试着降低干扰的行为。

step3 当孩子故意针对特定同学时

有时孩子可能与特定同学不和、冲突，因此会故意干扰别人，不让别人上课。这种情况往往搞得两败俱伤。因此家长除尽可能与班主任合作，厘清孩子与他人的误会，谋求改善外，也可以清楚点出孩子的动机及不适当之处："当你在课堂上做出干扰行为时，你是不是想要让 ×× 同学也不能上课，你就可以（孩子的企图）？"

当孩子的动机被猜测出来后，可以再加以引导："我知道你与某某有过节，但你的行为并不能真的解决问题，反而会为你带来更多麻烦，比如（举出孩子因此而受损的师生关系、人际形象及家中的处罚等等），这是你要的结果吗？"往往这种行为会随着孩子对后果的预测而逐渐减少。

亲子教养再交流

孩子的干扰行为往往会直接影响老师带班的原则与规范，如果不予以处理，别的孩子会开始质疑老师的威信，并产生不公平的感觉。一般来说，老师用更严厉高压的方式，通常可以在一段时间内抑制孩子的干扰行为，但孩子因此累积的不满情绪很容易从别的渠道宣泄或爆发，造成人际关系或课业的问题，需耗费更多时间处理。

如果师生之间的关系和睦，是孩子注意力或活动力过于旺盛的话，可以试试和孩子玩一些课堂上的注意力游戏。可以私底下和孩子约定，让孩子担任秘密观察员，观察老师上课时的某些行为，像是摸了几次鼻子、耳朵，看了孩子几次，等等。如果孩子能计算出正确的次数就可以集点换奖励。由于这个活动有相当的乐趣，孩子大多都会愿意试试看，一旦孩子可以将注意力放在老师身上时，就能有效地减少干扰行为了。

随着孩子越来越专注，老师可以变化注意力的目标，从一开始的摸鼻子次数（视觉单纯），到计算摸鼻子与摸耳朵相减的次数（视觉变化），再到老师说某些习惯词的次数（听觉单纯），再进阶到摘要老师每次上课的三个重点（听觉统整）。你会发现我们的目标从视觉转移到听觉，再到上课的内容，而孩子则开始听老师讲课了。

如果孩子与老师之间有冲突，为了老师将来带班的效益与孩子的权益着想，若能和孩子沟通化解冲突，将会出现对彼此有利无害的双赢局面。

PSY's comics

1

孩子若对班级造成干扰，往往也会影响师生、同学间的关系。

2

厘清原因、点出动机，协助孩子发展更适当的反应策略。

上课时突然冲出教室不见人影，或不愿意进教室，怎么办？

生命应用题

四年级的阿志是令班主任头痛又担心的人物。因为阿志上课时，常常会上演课堂失踪记，往往一失踪就是半堂到一堂课。夸张时，可能老师才刚写个板书，结果一转头阿志就消失了，往往要搞得全校都跟着鸡飞狗跳，各处室的老师帮忙找才找得到人。当老师们好不容易在校园某个偏僻的角落找到阿志时，无论好说歹说、威逼利诱、软硬兼施，阿志就是不肯乖乖回教室。这样折腾下来常常就是一节课的时间，结果搞得班主任身心俱疲，阿志的问题依然无法改善。

老师试过很多方法，但就是无一有效。班主任和阿志的父母沟通、写联络簿或利用下课时间找阿志谈话、计点换奖励等等，全部无效。阿志的父母也很苦恼，把阿志骂了一遍又一遍，骂的不行改用利诱的方式，但情况就是不见起色。到最后，老师上课时都必须随时战战兢兢保持警觉，生怕一个不留神，阿志又不见了。如此一来，也影响了老师上课的质量。

生活应用解析

对大多数的孩子来说，上课时要当着老师的面跑出教室是很恐怖的，因为你不但要冒着违反校规、被老师责备、被同学指指点点、被家长处罚的风险，还可能会被喜欢的女生讨厌。要不是有很大的勇气或一时糊涂，一般人是不会这么做的。所以一旦发生了，通常就意味着孩子遇到了大问题，才会出现这种虽千万人吾往矣的行为。

在处理这类问题时，为了查清楚到底事情是怎么发生的，要非常仔细地调查整件事情的来龙去脉，不放过任何线索。这些线索包括：当时是什么课，班上发生了什么事，同学做了什么，孩子当时想到什么、跑到哪里、待了多久、情绪是什么样的，以及学校及家长的处置方法，等等。

这么做的理由很简单，因为我始终秉持一个原则：**“别轻易评断一个人的行为，在我们还不了解他这么做的原因之前。”**同样一个行为，十个孩子可能会有十种理由，因此在处理这类行为时，请小心谨慎，尽量做到对整件事情有通盘的了解，才能制订比较妥善的计划。毕竟我们面对的是人，而不是事情。前者是从孩子的角度出发，想的是怎么协助孩子解决困难；后者是从自己的利益出发，想的是怎样减少麻烦。就成效来说，通常前者比较花费时间，但效果也最持久。

父母可以这样做

没有倾听，就没有理解；没有理解，也就没有真相。因此当家长接到学校电话或看到联络簿时，请先不用慌张，因为事情已经发生了，只要先确定孩子在校园内有老师陪着就好。更重要的是，我们必须协助老师一起弄清楚孩子跑出教室的原因，如果孩子在学校已经和老师讨论过，我们也可以和孩子核对一次，确定信息是一致的。**但是如果孩子不愿意跟老师说，这时候家长就扮演着开启对话的关键角色。家人往往是孩子最想倾诉的对象，我们应该避免自己成为拒绝孩子的那一方。**

step 1 和孩子站在同一阵线，厘清代替责罚

当孩子知道自己闯下的大祸无法隐瞒时，多半会据实以告，但在细节上可能会有所删减，也有的孩子怎么问都给人

避重就轻的感觉。因此，家长在了解情况时，不妨把斥责的成分先拿掉，用关心的态度、聊天的方式仔细搜集整件事情中孩子的各种状态，包含三大主题：a. 当时发生了什么事？b. 孩子想到了什么？ c. 当时的情绪是什么样的？当这三种资料都搜集到后，才可能了解问题的症结点在哪里，问题也才有可能解决的机会。

a.当时发生了什么事？

要处理就要先找出原因。我们先要搜集的资料包含课堂发生了什么事情、当时老师正在做什么、同学正在做什么、谁可能说了什么，或是谁可能做了什么，等等。这些信息能让我们先有初步概念，然后才有办法聚焦。

我曾经辅导过一个孩子，他几乎每天都要跑出教室一两次，一次就用掉一堂课。几次下来归纳后发现，孩子跑出去的时间都是下午居多，而且很多是在老师抄写联络簿的时候。如果遇到早上有体育课或是计算机课的日子，孩子跑出去的概率就会降低，于是我们开始有了初步的了解。

b.孩子想到了什么？

想法加上情绪，往往是决定是否逃跑的关键。如前一个例子中，孩子之所以逃跑，是因为当孩子发现隔天有考试时，觉得压缩了看电视的时间，一想到电视时间又要没有了，人马上就跑出教室。在另一个案例中，孩子对英文老师的教学方式相当不满，而每次跟老师争论被记缺点时，孩子想到自己好不容易集的点数又要因此少了几个，当场就跑得不见踪影。

事情发生时，孩子对事情会有一些初步的解读或判断，这些解读或判断在情绪的催化下，最后导致孩子跑出去。

c.当时孩子的情绪是什么样的?

孩子在激动时，高涨的情绪会关闭理智的判断系统，容易助长冲动行为。孩子跑出教室前，往往是生气、愤怒、烦闷等负向的情绪。当我们询问孩子当时的情绪时，其实也是在帮他厘清自己当时的状态。一旦他了解了那个状态叫生气，我们就能够跟孩子讨论除了跑出教室外，还有什么方法可以处理情绪。

情绪处理的方式很多，每个孩子都会有他特殊好用的方法，因此讨论时可以多讨论几个策略，让孩子在紧急的状况中有更多选择。当方法奏效时，这种成功的经验也会是他日后重要的无形资产。

step2 综合整理

父母搜集到事件、孩子的想法与行为的资料后，对孩子的状态就会有比较完整的了解，也比较能够知道问题出在哪个环节。如果父母发现孩子对事件的解读不太合理、太过偏激，就可以和孩子讨论他的想法，以及帮助他厘清不合理的地方。

亲子教养练习题

父母："我发现一件事，导致你跑出教室的似乎是你的想法，你觉得是不是？"

孩子："什么意思？"

父母："（重新帮孩子整理事件、想法、情绪与行为的关系）我发现老师在黑板上写下今天的作业时，你看到功课太多（事件），你就告诉自己一定写不完（想法），于是你一生气就跑出去了（情绪/行为），对吗？"

孩子："对。"

父母："所以听起来，你跑出去的原因，是因为你担心自己写不完功课，而不是功课太多？"

孩子："对。"

父母："我们来看看你跑出去的代价是什么。你在图书馆待了两个小时，也就是你少了两堂课的下课时间可以玩，并且你知道晚上回家会被禁止看电视30分钟，这样对你来说划算吗？（和孩子讨论行为的后果与代价，是否符合他的利益）"

孩子："不划算。"

父母："你在跑出去之前，有没有这样想过呢？"

孩子："没有。"

父母："那是否在下次跑出去之前，你可以先仔细问问自己：担心功课写不完所以跑出去，是否划算呢？另外，我们也来一起想想看，有什么方法可以处理你当时很生气的感觉（情绪技巧）。"

亲子教养再交流

孩子跑出教室时，为了安全着想，班主任总是必须陪在孩子身边，但也因此无法照顾到班上的孩子。如果能够与学校心理咨询中心或教务处合作，在孩子跑出去时请人陪同在侧，等孩子情绪稳定下来回到班上时，再找时间私下厘清前面三个问题，了解孩子行为的因果关系，再做出适度的调整。

当有些孩子跑出教室的原因不明，家长也束手无策时，建议可以先跟孩子约定：1. 若真的无法忍住跑出去时，必须到班主任许可的地方冷静；2. 每次跑出去前让孩子选择冷静所需要的时间（老师可以限定选择的时间范围，如果孩子能够在规定时间内回来，这就是孩子调节情绪的能力，我们可以肯定这个部分，如果孩子有困难，也可以事后讨论对他有帮助的策略或方法）。最后，当孩子跑出去是常态时，转到心理咨询中心会是更理想的方式。

PSY's comics

PART 3

不说话的孩子

上课时不愿意离开妈妈，一离开就大哭大闹

9

生活应用题

早上辅导处的电话响起。“喂，您好，我是孟老师。”电话那头传来一年级三班吴老师的声音：“孟老师吗？早安，我是吴老师。是这样的，我们班的珍珍又不肯进教室了，她妈妈好不容易送她到教室坐下，但是妈妈一离开珍珍马上又哭了……”孟老师脑海中浮现出珍珍泪流满面的模样。

“我怎么安抚都没有用，有点干扰到全班上课了，所以想问问看孟老师是否可以帮一下忙？”吴老师口气中带点无奈。

“好的，刚好我这节课没有个案，这就过去。”挂上电话，孟老师快步走向一年级三班，同时稍稍整理了脑海中的资料：珍珍是今年小学一年级的新生，入学第一天便在门口僵持了好久，最后是在妈妈半哄半强迫下才不情愿地进了教室，但又不愿意妈妈离开，离开便放声大哭。一个多月来，珍珍往往要过了早自习甚至第一节课情况才会稍微好转，但是妈妈也要上班，无法每次都能如愿陪在珍珍身边，因此两人常在早上拉锯，落得两败俱伤。

孟老师才刚下到一楼，凄厉的哭声便从走廊的尽头传来。声音越来越近，最后停在一年级三班的门口。

“嗨，珍珍早安，我是孟老师，我看到你现在好像有点难过，我们去心乐园聊聊天好吗？”珍珍听到孟老师的声音，满脸是泪地点了点头，起身牵着孟老师的手慢慢往晤谈室走，仍然不时啜泣。

“珍珍，孟老师刚刚看到你在班上哭得很难过，有点担心你，跟孟老师说说发生什么事情了，好吗？”

“呜……我要妈妈，我不要妈妈离开……”珍珍哽咽地说道。

“你很希望妈妈可以在你身边陪着你，这会让你比较安心一些对吗？”孟老师说。珍珍看着地上，默默点了点头：“我想要妈妈，我怕妈妈上班会受伤，我不要跟妈妈分开……”珍珍忧伤地慢慢说出了她的想法。

生活应用解析

回想我们孩提时代都喜欢有家人的陪伴，不管是在家里、拜访亲戚还是出去游玩，有家人在旁边时，我们心中总是会感到安心不少。

在成长的过程中，尽管对家人的担心与挂念仍在，但我们慢慢学着和父母分离，迈向独立。这不是一项简单的任务，所幸大部分人能够平顺地走过。

然而当孩子对家人的担心限制了他对环境的探索时，就是个值得重视的问题。如果孩子过分担心父母的安危、害怕独处的不安全、不想和家人分开、会借故黏着爸爸妈妈，甚至一分开就会相当紧张、焦虑，无法止住地哭泣，并且持续了好久都没有改善时，这可能就是“分离焦虑”。分离焦虑往往是孩子拒绝上学的主要原因（但不是唯一原因），因此这是不容小觑的问题。

通常孩子焦虑的核心是家人的安全，因此孩子不愿意离开父母，担心父母若不在自己的视线内会有危险。这个现象在孩子开始上小学后更容易凸显出来，也因此造成拒学的问题。所以大部分存在分离焦虑问题的孩子，比较多出现在七八岁的年纪（小学一、二年级）。除了拒学外，分离焦虑若没有专业人士的介入，孩子长大后也比较容易出现与焦虑相关的困扰。

分离焦虑是可以疗愈的，虽然没有特定的药物可以使用，不过大部分研究指出，心理治疗加上家长与导师的合作，成效往往令人满意。

父母可以这样做

step1 先了解他，才能帮助他

当我们不了解孩子遇到分离焦虑的困扰时，很容易把孩子的某些行为视为对我们的操控，这会让我们生气，因而责备孩子。只有对孩子的状况比较了解，才能设定合理的期待与目标来帮助孩子。当孩子因为焦虑出现某些不恰当的行为时，请记得保持冷静，别让自己的情绪加重孩子的负担。你可以用引导的方式，带着孩子回想，把注意力放在他努力所带来的进步上，任何一点点的进步都好。

step2 逐步熟悉，预做练习

分离焦虑的处理原则是：逐步增加、由简到难、预做准备、鼓励肯定。譬如孩子对进入学校感到焦虑，我们可以通过增加孩子对学校

的熟悉感，以及增加他独自待在学校的时间这两个策略来帮助他。

首先，父母可以利用周末、放学时间带孩子去学校散步运动，甚至可以预先藏一个小道具在学校里，提供简单的提示让孩子进行寻宝游戏。在找寻的过程中，学校就变成一个有趣的场所，去学校就是一次开心的体验。其次，家长也可以在上课日慢慢减少待在孩子视线内的时间，如从陪同进班到早自习结束，一段时间后改成陪同进学校但不进班，而是待在走廊外，再改成待在警卫室，等等。通过这种分阶段的方式，让孩子心里能有一个缓冲期来处理分离焦虑，同时孩子也会慢慢增加与家人分离的耐受力。

如果孩子在家中也有同样的分离焦虑，可以利用类似的原理来帮助孩子，比如，先练习待在房间里但开着门、在房间里关上门、到楼下信箱拿报纸，再慢慢练习独自去巷口帮忙拿预订的早餐，等等。

增加孩子的独处时间，也可以搭配奖励制度进行，让孩子能够因为他的努力而得到适当的回馈。

step3 任何小进步都值得鼓励

任何心理病症的治疗，进展都是逐步而缓慢的，分离焦虑也不例外。对孩子来说，任何一点小小的改变都值得被好好地赞美和鼓励。你可以让他知道，你很以他的进步和努力为荣，就算没有完全达到设定的目标也没关系，因为你要肯定的是他愿意面对病症的勇气。另外，父母也可以试着鼓励孩子尽可能地尝试在治疗中所学到的技巧，来处理治疗过程中所产生的焦虑。

step4 分离是人生必不可少的功课

分离是人生很重要的一项功课，我们不断在每一段关系中面对各种形式的分离，学习面对自己独自存在的事实。所以，协助孩子处理分离焦虑，其实也是在帮助他面对日后生命当中的分离。

我们可以给予孩子保证：保证环境的安全，保证家人的安全，保证提供我们离开后的信息、联络方式，以及保证我们会在固定的时间出现。这些都能增强孩子面对不确定时的控制感，这种控制感对于心情的平复是相当重要的。但在给予这些保证后，我们也应该坚定地离开，冷处理（非责备或处罚）孩子的不情愿，别在走与留之间犹豫，引发孩子的情绪波动。这边有一个小技巧提供给爸爸妈妈参考：给孩子提供保证后，你可以拿一个能代表你的小东西请他保管，像是你的钥匙圈、配件、帽子或是平常和孩子一起玩的小玩具等，这些能够象征爸妈陪在身边的东西会为孩子带来心理上的慰藉与安稳。

亲子教养再交流

有分离焦虑的孩子通常承受着相当大的焦虑，因此在学校处理孩子的问题时，父母的保证以及安心的环境，将会是让孩子稳定的关键。

在学校里，我们可以与孩子讨论有什么环境会让他感到安心，当孩子不舒服或是干扰班级时，可以允许他短暂地在令他安心的环境中待一下。也可以尝试其他能够增强孩子控制感的物品或方式。如当孩子能够忍耐一节课的时间，就能够打一通电话和家人联络，或是携带父母的联络方式、安心的象征性物品等，都可以尝试。

孩子分离焦虑的改善，有赖于老师、家长及专业人员的三方合作，只要耐心地给予孩子努力的空间及时间即可。

PSY's comics

1
呜~
呜~
妈妈每次来学校，背后都会传来孩子阵阵的啜泣声，不绝于耳。

2
喂！这样妈妈很累的……
不要！哇~
因为孩子总是不愿意跟妈妈分开。

10 生活应用题

孩子**太害羞**，家里一有客人就躲进房间，在学校也不敢上台讲话

“叮咚……叮咚……”家中门铃一响起，原本在客厅看电视的小虎就好像听到空袭警报一样，二话不说一溜烟地跑进房间关上门。“小虎，去帮妈妈开门。”小虎的房门依旧紧闭，没有任何动静。王太太只好放下手边工作，自己去开了门。

“小虎，跟阿姨说早安。”小虎一溜烟地躲到妈妈背后。“这样很没礼貌，快点出来，阿姨来家里做客，你是主人要有礼貌，快点！不然阿姨会笑你胆小哟。”

“我不要。”任凭妈妈好说歹说，小虎的脸始终躲在妈妈身后，好像抹了强力胶一样甩不开。妈妈无奈地对着客人苦笑，忍不住抱怨起来：“他老是这个样子，不知道在害羞什么，不管谁来家里他都这样。在学校也是，老师说他在班上特别害羞，问他话都支支吾吾地说不出所以然，下课同学找他玩也不作声，大家同班都半年了，现在才敢跟别人说话，要是上台整个人就好像被电到一样，完全僵在台上直到老师受不了让他下台为止，真的不知道在怕什么……”

“哎哟，小朋友就是这样，就是比较害羞，长大就好了！”阿姨试图说些什么安慰妈妈。

“我看别的小孩也没这样呀，他从小就这样，还好他功课还不错，不然我要担心的事情就更多了。”

生活应用解析

细心的父母会发现每个孩子天生个性都不一样。孩子天生的个性，心理学家称作“特质”，指的是婴儿在出生时，先天具备的一种行为及情绪的反应形态。也就是小婴儿对于外在环境（情境、人、事）在生理、情绪、活动力以及注意力等的一系列反应倾向，这种天生的特质是以遗传为基础的。因此，每个人的特质都不一样，而这些特质会受时间、个人的经验、其他生理状态等影响，逐步发展成为我们现在人格的一部分。

你会发现有的孩子从小就落落大方，不管遇到谁，不用多久就可以与对方打成一片；有的孩子生性害羞，遇到陌生人或是到了一个以前没去过的地方时，需要比较多的时间适应。大部分的孩子在成长的过程中，多少都经历过遇到陌生人会害羞的阶段，不过不用多久这种害羞的情况就会慢慢改善，但是有些孩子直到长大后仍然是个相当害羞的人。

这些不同的人格特质，造就了社会多样化的面貌。所以，当我们在看待孩子的特质时，千万不要轻易掉进“好”或“坏”的评价陷阱里。特质是自然的存在，就像黑色与白色都是颜色，无所谓好坏。我们可以帮孩子创造人际互动的机会，但并不能因此批评孩子羞于与人互动的表现。**在协助过程中，我们要随时提醒自己人际互动的质量才是关系的核心，“重质而非重量”。**

父母可以这样做

step 1 预先让孩子知道行程，做好准备

害羞的孩子也有他的人际魅力，也想跟别人互动、交朋友，只是他需要比较多的时间，因此我们只需要事先协助他做好心理准备即可。比如说要去亲戚家拜访、去朋友家聚餐，或是任何聚会要带孩子同行时，我们可以预先告知时间地点与聚会有哪些人，甚至让孩子准备一些可以“暖身”的人际道具，如玩具、图画、话题等，只要一点点时间的准备和酝酿，大部分的孩子都会玩得不亦乐乎。当孩子拒绝与其他孩子或大人互动时，我们也只需要规范他活动的地点就好，剩下的就让他慢慢在旁边观察，慢慢融入。

step2 帮孩子创造社交的机会

做父母的，难免会在意孩子的学业成绩，无形中忽略了他在课业以外的生活，也因此比较不会把害羞当作问题。有些父母甚至会觉得孩子害羞是好事，因为他会把时间花在课业上。

这类家庭会将许多时间放在复习、做作业、填写练习卷、学习才艺上，往往不小心就牺牲了孩子人际交流的时间，失去了孩子培养人际关系或是在社交场合磨炼的机会，这是相当可惜的事情。

要增加孩子人际互动的机会，有很多做法。像是利用周末，多鼓励孩子去户外和邻居的孩子玩、参加学校的课后社团，或是允许孩子邀请朋友来家里做客、去别人家里玩，让孩子规划家里的活动，等等，这些都是培养孩子人际交往能力的好机会。因为在这个过程中会遇到许多人际方面的议题，如孩子与同学的冲突、共享的兴趣、活动的类型、喜欢互动的对象等，父母可以趁此机会观察或了解孩子们互动的方式，怎么处理冲突，等等。

step3 调整教养态度

许多亲子教养的研究发现，如果父母其中任何一位常常用拒绝（否定孩子的任何心理或物质的需求）、**高度控制**（对于孩子的任何行为、状态都严密地指导）、**批判**（否定孩子的表现）**或过度保护**（不让孩子有任何自己尝试或挑战的机会）等方式来教养孩子，孩子会因为无法与主要照顾者发展出质量良好的亲子关系，而出现心理健康的问题，使孩子在成长的过程中，处在高风险的不健康状态。**研究已经证实，亲子关系不好的孩子在面对压力时，往往缺乏让他们冷静并且舒缓情绪的弹性与能力。**

因此，比较理想的方式是父母能够在严明一致的态度中，给予开放而弹性的空间，让孩子能够学得规范，也乐于和父母分享自己的想法、心情以及其他种种，这种亲子的关系及质量，会深刻地反映在孩子日后的人际关系里。

亲子教养再交流

教学多年的老师大致上应该都会同意，比起外向活泼好动的孩子来说，害羞的孩子在班上总是不太容易被注意到，因为他们大多时候就只是默默地坐在那里，不出声。不闹事，也不会成为焦点。对每天要处理班上大大小小一堆麻烦事的老师来说，害羞的孩子某方面真是班上稳定的力量。但是这并不意味着我们不能为孩子提供面对大众的尝试。当孩子能够试着上台时，就值得鼓励。

毕竟将来的社会不管工作形态如何，每个人都有可能需要上台展现自我、表达意见，这种能力的培养是需要持续累积与学习的。

PSY's comics

1
快跟大家问好！
(怒×10)
不要……
(羞×11)
这样的对话总是不断地循环。

2
大多数的孩子都经历过害羞的阶段，多一点时间暖身，多一些鼓励，少一些责备，害羞的孩子也能轻松和大家打成一片。

11

孩子一进学校、托管班就完全不说话，但一回家又很多话——选择性缄默症

“你在学校怎么都不说话？老师说你上课的时候都不回老师的话，都三年级了你还不说话，这样以后五、六年级你要怎么办呀？总不能一辈子都不说话吧？”妈妈一边看着小瑛联络簿上的导师评语，一边“噼里啪啦”地念叨着。

“我也不知道，但是我就是不敢跟老师说话！”小瑛边看电视边说。

“你这样不行，在家里话这么多，到学校安静得跟什么一样，到底有什么好怕的呀？”妈妈没好气地说。

“我真的不知道，我真的很怕呀！”小瑛无辜地回答。

“你直接说话不就好了，和在家里不是一样的？”妈妈的语气开始转为严厉。

小瑛今年三年级，一年级时，老师觉得她是一个相当安静的孩子，因此没有特别注意她的状况，但是没多久后就发现小瑛的安静和别人的不太一样。她不但上课很怕回答老师的提问，就连下课时也从没看到她跟同学聊天嬉闹，这在同年龄的孩子中很少见。没多久，学校几位科任老师也向班主任反映他们观察到同样的现象。起初老师以为可能是孩子刚入学，还不熟悉学校环境的关系，但过了两三个月后，小瑛仍然如此，就算老师私下找她问话也得不到响应，因此只好和父母反映，希望可以确认孩子的状况。

一开始，父母认为孩子只是比较容易害羞，过一阵子就好了，没想一眨眼到了三年级，情况仍然没有改善，甚至有越来越严重的趋势，于是老师强烈地建议家长应该正视这个问题。

生活应用解析

害羞是很正常的反应，不管是你、我还是大部分的孩子，都经历过害羞的阶段，然而随着对环境越来越熟悉，以及与人互动的增加，这种害羞感会逐渐降低，孩子大概不需要几分钟就可以和其他人打成一片。

如果是在特定环境中不说话、害怕说话，可能就是“选择性缄默症”。一般人听到这个名称时，脑海中不免会想：“不过就是比较害羞而已，有这么严重吗？”其实，“选择性缄默症”是一种精神科的正式诊断，严重的时候真的需要医生或专业人员的协助。

这类孩子说话的能力没有问题，但因为一些特定的生理及心理因素，导致他们在某些特定的场合中无法和别人正常地交谈互动。

少部分选择性缄默的孩子在幼年时可能会有以下特质：进入新环境或面对陌生人时，容易出现大哭大闹、退缩、闪躲畏避或一直躲在父母亲旁边等行为。这种在孩童身上出现的对于新环境的退缩行为，属于一种天生的特质，叫作行为抑制（behavioral inhibition）。近二十年来，心理学家发现具备这种特质的小朋友就如同前面所叙述的，当他们在面对陌生情境时，往往容易表现出退缩、害怕、害羞等行为。根据几份国外严谨的长期追踪研究，行为抑制的幼童，日后出现社交焦虑或其他精神科困扰的风险也会增加许多。当孩子遇到选择性缄默的问题，并且影响他在学校的表现（课业表现、人际互动、活动参与）时，建议爸爸妈妈陪同孩子咨询精神科医生的意见，并且在生活作息、教养方式与互动上做一些适当的调整，这对孩子会有帮助。

父母可以这样做

step1 避免将错归咎于孩子

对选择性缄默症的孩子来说，他也感到相当痛苦，想要克服这个问题，想跟某些人放松地聊天，只是他找不到方法。

当我们期待孩子改变时，往往容易因为胶着的情况而受挫，并生气责怪孩子。这对任何人来说都是难免的，只是当我们对孩子生气时，别忘记他可能也对自己无法克服的困境感到难过，家长一味地把改善的压力与期待强加在孩子身上，结果就会是两败俱伤。因此，我们可以试着跟孩子讨论他遇到的问题是什么，是不是在担心什么，或是有什么原因让他不敢在某些场合中说话。同时可以让老师知道孩子的实际困扰、在家中的状况及想法、担心害怕，并且鼓励孩子与学校的辅导老师或专业驻校人员合作，情况将会逐步有所改善。

step2 成为孩子与学校的桥梁

当孩子无法面对面与老师或同学交谈时，父母可以成为孩子与学校之间的桥梁，目的是制造交流的空间，不因为沉默流失互动的机会。父母可以协助孩子用语言以外的素材来对话，如字卡、手势、图像、手写等方式，鼓励孩子用这些媒介作为暂时替代口语的方法，让孩子用他稍感自在的方式与人互动。

step3 及时就医

如果已经试过许多方法，但是孩子的情况没有任何改善，建议可以带孩子到医院的临床心理科或儿童心理科就医。我们要了解，孩子沉默的时间越长，问题便会越明显、影响范围就会越大，所需要心理协助的急迫性就越高，花费的治疗时间也就越长，因此越早介入越好。

家长也可以和心理医生共同讨论孩子在学校应该运用的处理问题的方法，并且和班主任、心理辅导老师保持联系与沟通。

step4 照顾好自己

协助孩子的过程中，父母也会有挫折、难过或是生气的时候，当父母觉得自己很难面对情绪时，可适时地邀请另一半接手，让自己可以稍稍喘息，出去走走、深呼吸或是喝个饮料、看个轻松的短片或上网，都能够让自己在压力中得到放松。

亲子教养再交流

通常在班上沉默的孩子，往往会担心自己在别人面前的表现，因此焦虑的情绪是这类孩子的核心困扰。而担心在别人面前的表现不佳，则是阻碍孩子开口的关键。老师除了和家长确认孩子在家中与学校的状况外，也可以帮孩子安排班上一到两位个性温和好相处的同学，在生活中提供一些活动或课堂上的协助，陪孩子做游戏、上台，并借此观察孩子与同学的互动，同时也让班上的其他孩子了解状况，这样能够减少不必要的误会与伤害。

我们的原则是鼓励并创造孩子与同学及师长互动的机

会，但不强势地逼迫。因此只要有能够沟通的方式，都值得肯定，让孩子循序渐进地克服他的障碍。比如，从使用肢体语言、用文字小卡、用不出声的嘴形，到简单的单音，这些都是进步的迹象，而遇到需要上台讲话或是表演的课时，也可以和老师讨论是否有可能采取折中的办法，如由同学陪同或用其他方式代替。甚至也可以鼓励孩子在家中预先录制课堂活动或讲演的内容（必须先和父母取得共识，请父母在家中帮忙提问与录像），然后做一些简单的后期制作，在课堂上播放，并且引导班上同学肯定孩子的表现与尝试。通常对于害怕在别人面前表现的孩子来说，班上同学的肯定与接纳，也会增加他愿意开口的机会。

如果孩子在家中说话正常，但是在学校完全不说话，而且老师有观察到孩子在面对需要表现或说话的场合时总是很焦虑的话，仍然应该咨询精神科医生的建议。

PSY's comics

PART 4 孤立的孩子

当孩子的
人际关系遇到麻烦时，
父母应不应该
大惊小怪？
12
生活应用题

家长会现场，小武的爸妈正专心听班主任讲解本学期的教学计划，而当私下聊到孩子在班上的近况时，班主任不经意皱了皱眉，小武妈妈觉察有异，进一步询问孩子的表现。

“是这样的，我最近发现小武在班上和同学相处似乎有些……”班主任看了看小武爸妈的表情后继续说，“他下课时常常一个人坐在位子上，不太跟别人互动，我曾经问过他的状况，也试着请几个小朋友去邀请他，但小武似乎没什么兴趣，也不太搭理同学……”

爸妈回到家后找了小武来问话。

“没有呀，就是不太想跟他们玩。”小武冷淡的响应反而让爸妈更担心，忍不住继续追问小武。不知道是因为被逼急了，还是想到什么，小武开始“噼里啪啦”地说了起来：“我也不知道为什么呀，我觉得7号和12号这阵子存心跟我过不去，他们两个都故意念错我的名字，还给我取绰号，我说不要再这个样子他们也不听，弄得我很烦，7号还说如果我跑去跟老师告状就不理我，所以我就不想跟他们玩了……”

不等小武说完，爸爸不耐烦地挥挥手：“好啦好啦，我还以为发生什么大事了，不过就这点小事情而已。这种事情你不要理他们就好啦，不要想就没事啦，老师也太大惊小怪了，赶快去写功课！”

小武张着口似乎还想说些什么，但爸爸已经打开了电视。

生活应用解析

在讨论之前，我想先问问各位读者，你见过北极熊吗？

请仔细看一下图片中的北极熊：毛茸茸、圆滚滚的身躯，雪白的脸蛋，站在冰面上，靠着猎食鱼类为生，是不是很可爱呢？

相信父母此刻脑海中都有一幅关于北极熊的鲜明的画面。接着，请在一分钟内试着做一件事。

【不要去想北极熊】

没错，不要去想北极熊，不管你想什么，就是绝对不要去想北极熊。千万不要想北极熊。请自行计时一分钟。开始。

在这一分钟内，你有没有办法完全不去想北极熊呢？

如果这很难做到的话，父母不妨想想看，当故事中的爸爸对小武说“这种事情你不要理他们就好啦，不要想就没事啦”时，孩子的问题是否能够因此解决或消失呢？如果答案是否定的，或许我们该试着坐下来听听孩子究竟想说什么。

毕竟，让孩子有情绪或困扰的事件背后，往往也藏着他在意的需求或主题。

而人际关系，恰好就是孩子们天生的需求与必修的功课，也是一种相当重要的社会能力。可别小看孩童之间的人际互动，这种社交能力的培养与训练是相当隐秘的。磨炼与经验之所以重要，是因为孩子能在人际关系中借由探索自己的兴趣、了解自己的人际优势、学习如何与同伴沟通表达，以及处理人际冲突中的挫折情绪，形成一个完整的自我概念。孩子还小时，人际关系的问题相对单纯，较难看出缺乏人际技巧的影响。一旦进入小学高年级、初中、高中、大学，甚至进入社会后，人际社交的能力便会成为影响就业表现、生活适应能力及自我感觉的重要因素。

许多来接受心理治疗的人，多少都存在人际关系上的问题，有些甚至是因为人际关系直接引发心理困扰。

父母可以这样做

step1 把孩子的问题当成论述题，而不是单选题

当孩子的困扰来自人际关系时，很难只用单一的观点来看事情，因为只要牵涉与人有关的问题，往往都是许多原因交互影响所导致的结果。

面对孩子的人际问题时，要请孩子帮助我们了解：事情是怎么发生的，是单一事件还是长期事件，有谁牵涉在内，孩子是怎么思考这件事的，他怎么回应这件事情，他在意的点是什么，对别人来说同样的点会是问题吗。

当我们越能够静下心来听孩子说，得到的信息就越多，也越能了解事情的原委，以及孩子的观点、困扰的原因与心中的期望，而你的行为也给孩子传递出一个很重要的信息：我想了解你。

你不见得要给孩子什么具体的建议，但是你可以关心他的挫折，肯定他所做的努力，表达你对他某些观点的担心，和他一起大骂某些讨厌的对象，等等。你陪伴他的身影，会深深地烙印在他的脑海，成为他日后与人互动的情感基础。

孩子通过你了解到一件事情：人际关系是一种融合了用心的陪伴、在乎的倾听、关心的话语及完全的包容的美好过程。孩子因为被你理解，也开始能够理解别人，而这恰好就是人际关系的核心。

step2 协助孩子看到症结

孩子处理问题的方式，以及他对事情的看法、价值观，可能有些方面与父母的立场不一样，甚至违背某些规范或礼仪。比如，有的孩子会觉得其他人都应该听自己的话，不听话的就不是朋友；有的孩子则会觉得其他孩子如果不主动和自己玩，那就要孤立对方，等等。

父母可以试着从自己的观点出发，和孩子分享当你被他这样对待时，你的感受是什么，你喜不喜欢他这么对待你，这么做是否可以真正达到孩子想要的目标（交朋友）。

你可以说："我知道被忽略让你很生气，所以你会想要报复

（理解孩子的状态），但是如果你对我这么做，我也会觉得不舒服，而且会觉得你这个人真不好相处（带孩子转换角度审视自己的行为）。你觉得这样对你交朋友有帮助吗？（请孩子评估行为的结果是否如其所愿）”

当孩子知道自己的行为会使对方难受或痛苦，而且无助于人际关系的质量时，他对自己的行为就会多一份反省的能力。

step3 了解孩子的人格特质

每个孩子天性不同，展现在人际关系上的主旋律就不同，有的孩子热情如火，有的孩子冷若冰霜、有的孩子暖如春风，也有的孩子老是不冷不热。父母通常是最了解自己孩子人格特质，也最能够针对特质提供支持与建议的人。我们的原则并不是要求孩子改变他的本性去配合别人，而是希望他能够依照自己的特质发展出适当的人际模式。比如，待人热情如火的孩子，他可能常常主动为别人提供支持或协助，但往往因为太过主动而让别人有被侵犯的感觉，因此父母就应建议孩子，在每次行动前应该向对方提出适当的询问或邀请。

亲子教养再交流

孩子的人际关系是一个动态开放的塑造与修炼过程，每个孩子都会在关系中展现自己、看到自己并且学习关照他人。孩子人际仿效的对象，除了家长外，还有班主任。资深的老师多少都有这种体悟：一个班级的风格常常与班主任的特质有某种关联，这意味着班主任的人格特质、行为举止，以及在孩子人际冲突中所凭恃的观点与立场，无一不是学生直接而重要的仿效对象。

因此，当我们希望孩子能够有良好的人际互动时，提供正确的示范与健康的观念便是我们的责任。

PSY's comics

1
人际十八铜人阵
每一次的人际互动经验，无论正面负面，都是人际交往能力的重要修炼。

2
人际关系的学习就像在爬山，家人可以当孩子的向导，陪伴他一起领略沿途的风景。

13 孩子被其他同学孤立、排斥、欺侮怎么办？

爸爸下班回到家，一开门便感觉不太对劲，家中弥漫着一股沉重而凝结的气氛。低头一看，小明书包里的东西散落一地，妈妈铁青着脸默默地收拾着地板上的东西，而小明的房门紧紧地关着，安静得令人紧张。在和妈妈交换了一个眼神之后，爸爸大概也猜到是怎么回事了，无奈地问："是不是在学校又被那几个同学欺侮了？"

"嗯，还是他们，没错。老师在联络簿上写下了事情的经过，大概就是他们叫小明的绰号，然后故意激怒他，等他出手后便顺势打回去……"

"这样呀……"爸爸瘫坐在椅子上听着，脑海中似乎仍旧是一片被公事、同事、家庭及孩子挤压出的空白。

“老师这次处理得也很公正，对方那几个孩子也被处罚了，但小明无法接受这种事情一再发生，他今天又冲动了，事情发生后便哭着跑到厕所，回来后又被同学嘲笑是爱哭鬼……”妈妈边整理地上的课本边悠悠地说着，平淡的语调中尽是不忍和无奈。

隔了一会儿，妈妈走到小明门前：“小明，好点了没？如果好一点就出来准备吃晚餐吧……”房间门打开，小明走出来便扑在妈妈怀里，脸上的泪水扑簌簌地流下。“大牛他们真的很过分，他们故意找我麻烦，我根本不知道我做错了什么，他们就一直针对我，我不想再去学校了，我不要跟他们同班，一群混蛋烂人……”妈妈听着听着眼眶也红了，但又说不出话来。

生活应用解析

在学校被其他同学排挤、孤立，这对孩子来说是相当受伤的一件事情。根据几年来在学校中与孩子互动的经验，我发现有几个原因会影响到孩子的人际关系。一是整体仪容的表现。孩子是视觉的动物，因此当孩子的仪容衣着不干净时，很容易便会在群体中突出成被嘲弄的对象。二是孩子的个性也有影响。对活动力旺盛而注意力分散的孩子来说，往往还没有听到对方的重点就急着打岔，自然就会遭人白眼。对个性固执、坚持原则的孩子来说，因为少了弹性，在游戏时容易显得格格不入，久了自然就不会有人想找他玩。有些孩子的情绪起伏很大，持续的时间又长，别人会觉得他难以接近，好一点是敬而远之，不然就是群起攻之。当孩子因为这些原因对班级造成干扰时，又容易成为班上被排挤的对象，让孩子更难适应班级及学校，形成一个恶性循环。

因此，当孩子被排斥时，要先澄清几个重点：

1. 有没有别人也被排斥？

2. 通常是哪些人、用什么方式在排斥孩子？

3. 孩子自己认为是什么原因？（引爆点）

4. 老师通常如何处理？

5. 排斥的现象持续了多久？

6. 孩子自己是否感到困扰？（包括是否影响到上课的学习、与朋友的互动或生活作息等）

7. 孩子的个性有没有受影响？若有，影响是什么？

知道这些信息，就可以初步了解这是偶发还是常态，孩子是不是被针对，有没有特定的对象，他们之间有没有什么过节，等等，帮我们厘清事情的严重性、需要介入的程度与方向，以及孩子被排斥或孤立的关键原因。

父母可以这样做

当孩子是因为冲动的情绪而损坏人际关系时

如果孩子能够选择，他们一定也希望能够控制自己的情绪，但是因为种种生理或心理因素，导致孩子自己也常常成为冲动情绪的受灾户。每次风暴过后，孩子比大人更气馁，因为他不但要面对冲动后千疮百孔的人际关系，还要承受每一次情绪大浪来袭时的无助感。

当我们想要帮助孩子管理情绪时，可以参考以下步骤。

step1 转移注意力（冷却情绪脑，开启理智脑）

在冲突的场合中待得越久，越容易陷入激动的情绪里。因为情绪脑不断提高运作的层次，而理智脑则被压缩了施展的空间。因此要让情绪降低的第一个方法，便是把注意力从冲突的情境中移开，包括离开情境、洗脸、上厕所、深呼吸、弹橡皮筋（这是一种简单的自我监控策略，孩子在手上套一条橡皮筋，当他觉得自己情绪快要爆炸时，就轻轻地弹一下自己，然后记录在纸上，看看一天会弹几次）等。

step2 反映你所看到的现象（当孩子的一面镜子）

孩子有时候不知道自己的状态叫作生气，大人可以在这时当孩子的一面镜子，忠实地反映出孩子目前的状况。通过你的描述，孩子开始可以把自己的状态与抽象的情绪词汇联结在一起，而生理跟词汇的联结，便开启了孩子自我觉察的第一步。一旦孩子可以学习用诸如“我现在很生气”“我现在很难过”等语句来描述情绪时，他就具备了管理情绪的基础。

step3 理解孩子的困境，给予时间选项（强迫升级法）

孩子要解决自己的情绪问题并不简单，有时必须通过外部线索来提醒自己。因此，当孩子在发脾气时，我们可以表示理解，并且愿意给予他时间缓和自己。在给予时间时，建议用选项的方式，不但可以强迫孩子选择，也可以控制时间。你可以说："我知道要你现在冷静有困难，我在想，或许你可以试着用自己习惯的方法冷静，因为你有能力办到这一点。你觉得你需要多长时间，三分钟，五分钟还是十分钟？"

当孩子选择后，他就要开始去学习在有限的时间内处理情绪。一旦孩子办到了，这就是他能力的展现，值得嘉奖。当孩子失败时，我们可以肯定他愿意尝试的态度。**当你把肯定放在孩子努力的过程，而不是结果上时，你会发现孩子会更愿意投入在每一件事情上。**

当孩子是因为缺乏人际技巧而损坏人际关系时

孩子缺少人际技巧而被排斥是相当普遍的现象。通常除了情绪问题外，孩子的特质也是关键。因此要协助孩子改善人际关系时，先了解孩子的特质，以及这个特质对人际关系所造成的影响是相当重要的。

当我们了解孩子的个性对人际关系的影响后，我们可以和孩子讨论这一点，并且共同制定可以改善的方法。对于比较容易冲动的孩子，他需要做的就是放慢每一次互动的脚步，通过“因为我想要交朋友，所以我要试着在每一次和别人玩或是聊天时，先听完对方说话”“因为我想要交朋友，所以我要放低音量，对方听得到就好”等自我对话来调整自己。

对于强调规则不容更改的孩子来说，通常会有自己坚持的理由，父母可以听听他的理由，并从你的角度分享被孩子一板一眼对待的感觉。鼓励孩子一次放一点点的空间给对方，用做实验的方法，看看对方会不会因此有良好的响应。

对于某些注意力分散的孩子，可以请孩子扮演小侦探，去观察别人互动的情形，包括别人怎么开口，怎么回应，眼神看哪边，等等。通过具体项目的观察，让孩子反思自己可以改进的地方。

当孩子是因为其他因素导致人际关系不佳时

例如，外观、仪容、班级气氛或班上的特定对象等。这些问题有些可以自行解决，有些就必须通过班主任协助，视实际状况做处理。放任不管，通常结局也不理想。

大多时候，孩子的人际问题是逐渐累积的，许多孩子在低、中年级一开始是出现某个行为问题，然后行为问题变得严重，后来慢慢演变成人际问题，再后来引爆师生冲突，导致亲师的误会与心结，结果出现老师、家长与孩子三输的局面。

亲子教养再交流

通常影响孩子人际关系的原因很多，从外观、功课、个性到特殊诊断问题都有可能，**不过老师本身对孩子的态度，也会影响到班上其他人对孩子的观感。**差不多从中年级开始，孩子便会观察、揣摩老师的意向及态度。因此老师要避免流露自己对某些问题孩子的主观情绪，这可以减少老师及问题孩子在班上不必要的困扰。

和孩子讨论如何改善人际关系，通常会引发他们合作的动机（如何交到朋友、建立好人缘等），进而讨论可以尝试的策略等。而老师可以从事件与事件之间的趋势来看孩子的努力和进步，搭配计点系统并反馈给孩子，让孩子看到自己的能力与表现，建立改善人际关系的信心。

PSY's comics

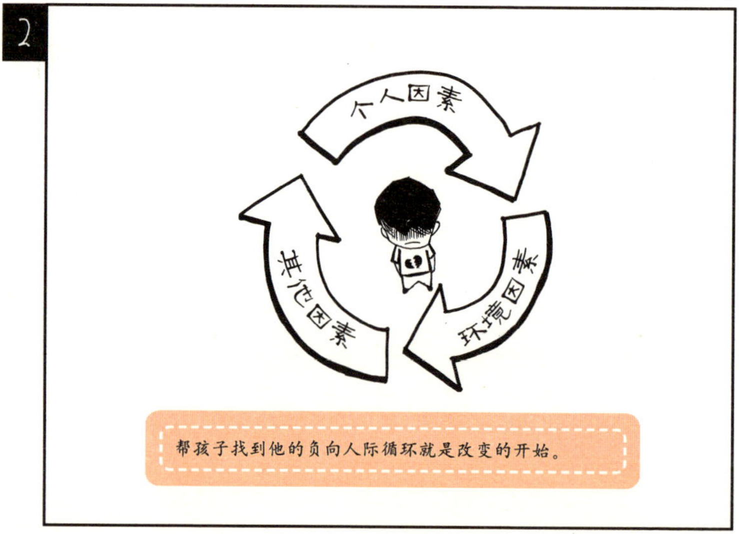

孩子执着于特殊兴趣、无法融入同学，或对人际关系没有兴趣时怎么办？——自闭症光谱

小亚今年五年级，下课时总是安安静静地坐在椅子上看书，尽管下课时走廊上总是闹成一团，但小亚总是专心读着他喜欢的恐龙图鉴，和闹哄哄的课间环境形成明显的对比。

开学没多久，同班同学阿多邀请小亚下课时一起去操场打乐乐棒球。“不用了，谢谢你。”小亚转头礼貌地回绝了阿多。

“你不是很喜欢打乐乐棒球吗？”阿多不解地问。

“嗯，对……”小亚侧头看了一下阿多，指着手中的读本问：“你读过这本书吗？”

“呃……没有。”阿多看了一眼读本，随即表现出没有兴趣的样子。

“这本恐龙图鉴是去年最新版，里面从三叠纪开始介绍，还对恐龙的演化与鉴定技术做了很详细的介绍。你知道吗，恐龙其实只是一个泛称，它们共有的特征其实是……”小亚开始如数家珍地从恐龙的特征、演变、分类开始向阿多介绍，但阿多很快就不想听了，他试图阻止这场对话：“哦，好……可是我要先去……”

小亚这才停了下来，看着阿多：“你现在要去打棒球吗？”

“对，而且我都快来不及了……”阿多没好气地回答。

“你下次如果一下课就去的话，就可以玩很久的。”小亚很认真地说。

“啊！你太夸张了吧！”听到小亚的回答，阿多生气地走出教室，而小亚不解地看着阿多的背影，脑袋中还是充满了疑问。

“他如果真的怕玩不了，本来就应该一下课就去操场，不是吗？难道，是因为我不去他才不开心的吗？”小亚越想越迷糊了。

生活应用解析

20世纪40年代，维也纳有一位儿科医生，他发现在诊所的患者里有一群孩子的特质及行为模式彼此相当类似。这些孩子在很小的时候，口语表达的能力较同龄孩子落后，不太与父母或家人互动，并且执着于某些物品，一再地出现固执的行为，等等。当他们进入幼儿园、小学后，这种差异变得更明显。班主任或孩子自己通常会反映，他们不太能够理解群体的某些人际规则，不太能够辨认别人的表情或猜出话语背后的含义。这类孩子也对别人非语言的信息感到困惑，不知道同学的眼神或手势代表的意义。因此，他们常常不小心打断别人的游戏或对话，在社交场合中不自觉说了不恰当的话，或是当事情没有按照自己预期的方式进行时，出现强烈的情绪或反应，等等。也因此，这些孩子的状态总是容易起伏，人际关系或社交生活也跟着一团糟。

通常孩子如果在三岁前出现三种核心特质——**社交能力缺乏、沟通能力薄弱、一再出现固执或重复行为**，这可能显示他遇到了一些发展上的先天困难。这在临床上有一个正式名称：孤独症（**自闭症**）谱系障碍［又称自闭症类群障碍，包括过去广为人知的孤独症（自闭症）、艾斯伯格症及儿童期瓦解障碍等］。之所以称为光谱，是因为这些孩子在上述三项特征上的表现程度不一，就像是落在光谱上各自不同的位置。

孤独症谱系障碍疾患是一种先天脑部发育与一般人不同的生理现象，也就是大脑与一般人相比，在程序设定与运作系统上都不太一样。每一个孩子表现出来的样貌与特质，又不尽相同，如案例中的小亚，便是孤独症谱系障碍中，少数口头表达能力良好，但是不了解人际互动中的某些元素与情绪，并且容易沉浸在自己的特殊兴趣里的类型。

当家长怀疑孩子可能存在发展上的问题时，只要把握住上述三项核心概念即可做初步的判断，这三项核心概念分别是：社交、语言与行为。

父母可以这样做

step 1 初步判断

年幼的孩子，如果在语言能力与社交活动的发展上落后于同龄孩子，并且总是有一些相当固执的行为便值得注意。评估的项目包括：六个月大时对声音、名字是否有反应，对照顾者是否有感情表现；一周岁时是否会说单字（爸、妈），是否有手势出现，是否能玩简单的游戏；十八个月时是否会模仿别人，说话是否超过六个字，对家中常出现的物品是否知道确切用途；等等。这些都是判断的依据。

step2 让孩子接受早期治疗

孤独症谱系障碍的孩子越早接受疗育对日后生活适应的帮助越大。一般大型医院的儿童心理卫生中心、精神科或是精神疾病康复中心都提供孩子从治疗到入学后的相关课程与服务，内容从学习生活自理能力、培养沟通能力、提升人际互动质量到促进社会适应与情绪控制能力等项目。如果父母有能力允许孩子接受治疗，对孩子与父母都是一个值得的选择。

陪着孤独症谱系障碍的孩子成长与学习，是一段漫长而艰辛的旅程，中间会经历一次又一次的挫折与失败，意外与挑战是家常便饭，身心俱疲则是无法回避的代价。父母务必好好照顾自己，可以多接触相关的特殊儿团体，和其他家长交流学习相关经验，也可以获得许多物质与心理的支持，而这将会是陪伴孩子很重要的力量。

step3 强化沟通能力

孤独症谱系障碍的孩子普遍有表达上的困难，父母可以利用生活中的实际情况教孩子如何在适当的情境中正确表达，或通过动作反应，如耸耸肩代表不知道，挥手代表再见，用句子“不好意思，可不可以帮我……”开头来求助，等等。

step4 练习社会互动的能力

孤独症谱系障碍的孩子对自己和他人情绪的辨识有困难，也很难理解别人非语言符号所代表的意义，但这些又是人际关系的重要元素，因此社会互动常是孩子的挫折来源。社会互动练习的原则，以由简到繁、由易到难、循序渐进为主。

a.创造人际互动的学习机会

父母可以利用周末或假期，邀请亲友的小孩来家中聚会，并做预先的准备。要提前告知孩子活动日期与应对方式，教导其他孩子与自闭症儿童互动的方式与原则，设计可以共同参与的游戏。父母最好能够带着孩子与其他小朋友一起游戏。在每一次的互动过程中，父母尽可能把孩子良好的人际反应，用好宝宝点数的方式进行奖励，增加孩子的社交行为，提高交往质量。

b.日常生活中的社会互动

从去早餐店点餐、用餐到去便利商店购物、交费，都是家长可以带着孩子逐步练习的机会。

亲子教养再交流

孤独症谱系障碍的孩子对老师来说，是一个学习与成长的过程。只要愿意用心经营和孩子的关系，孩子在班上造成的干扰也会逐步减少。老师可以安排小天使（老师根据不同学生的专长将其培养为“小天使”，以自愿的方式辅导周围的同学，如语文小天使、数学小天使、体育小天使、文艺小天使等，使得班级中每个人都有机会在某方面是别人的天使，班级气氛温暖和谐）协助孩子在班上的人际交往等活动，也可以提供视觉素材，如字卡、图卡等，把班级的规则、奖励等写在黑板上，让孩子有明确的规则可以遵循。

另外，和有效能的家长维持质量良好的联系也是关键之一。孩子如果能有家长的帮助，或是家长能提供孩子在家中的相关数据，都有助于老师思考如何增进孩子在学校的适应能力。

更重要的是，每一个**孤独症谱系障碍**的孩子都有他独特的优点与气质，而这些特质是其他人所缺乏的。例如，对兴趣的执着与投入、对规则的坚持与遵守、善意的诚实与单纯等。当我们能够站在鼓励的角度看到这些优势特质时，也能帮孩子建立起对自己的肯定。

PSY's comics

1
仔细看看这张图，你看到什么？有人看到少女，有人则是看到老婆婆。同样一件事，角度不同，结果也不同。

2
“理解”开阔了孩子的视野与心胸。

PART 5 有其他疑难杂症的孩子

做事情总是
丢三落四，
叮咛一件
忘一件
15
生命应用题

“小文呀，等一会儿吃完饭把功课和联络簿拿出来给爸爸检查哟！”晚餐时，眼看大伙儿都吃得差不多了，妈妈提醒小文。

“哦哦！好。”小文边津津有味地喝着汤边回应着。待大家用完餐，各自收拾完了，小文就坐在客厅沙发上随意调着电视频道。

“小文，刚刚妈妈怎么说的呀？”爸爸从厨房侧着头向外喊。

“哦！对哟！好！”小文起身回房间，东摸西摸了一会儿，等到爸爸不耐烦开始催促了，才抱着一沓作业本走出来，一起放在爸爸的书桌上。

“联络簿还有作业……咦，爸爸，你这个是不是 Facebook 呀？你也在上 Facebook 吗？”小文边看着电脑屏幕，边把作业本在书桌上摊开。爸爸接过联络簿，逐一核对作业本。

“小文，你的数学习题和生词本呢？怎么没有看到？”

“哦哦！好，我去找一下！”小文应答后又进了房间，过一会儿出来后，手上还是空空的，“我忘记带回来了……”

“什么？又忘记带回来了？这已经是这星期第三次了！你今天还有什么东西没带回来的？”爸爸盯着小文，这时候妈妈正巧从厨房大喊：“小文，你的便当盒和水壶呢？”

“啊！我忘记放在课后班了，没有带回来！”这下子妈妈也进了书房，看到桌上的联络簿和爸爸的眼神，妈妈没好气地追问：“你今天是不是又忘记带作业回来了呀？”

“她呀，今天数学习题和生词本都没带回来，昨天是语文习题，前天是英文练习本……结果今天又把便当盒放在学校。我看你一个星期五天要忘记几天。你太夸张了吧？跟你说了几次了，每次回家要检查联络簿，你有没有检查？有检查为什么还会没带？”爸爸连珠炮似的发问，小文则试图解释一切：“没有，我是太急了……”

生活应用解析

孩子如果总是丢三落四，讲一件才做一件，通常有几个可能：

一是他没听到（信息要从外面进到孩子的大脑，首先注意力大门要打开，否则信息进不去）。

二是他没记下来（注意力大门打开了，如果没有记下来也不行）。

三是他没有依序排列信息（虽然记下来了但没有把信息好好地整理分类，重要的在前面，不急的放在后面）。

这时如果理解力跟不上，做事的时候又分心，或是孩子压根就不想做（没有动机），最后还是会导致做出来的结果到处缺漏，忘东忘西没做好。

所以，父母会发现，完成一件事情其实是很精密又复杂的认知过程，孩子要付出的大脑资源非常多，不但注意力、记忆力、综合整理能力及理解力要一起参与进来，更重要的是孩子必须在有动机、不排斥的情况下，才会有完满的结局。

所以，从孩子的注意力、记忆力到动机，都是我们要考虑的方面。所幸大部分时候，孩子的大脑资源是足够的，只是可能在某个环节出了一些状况，才让结果不理想。

父母可以这样做

step 1 先引起孩子的动机

父母应该都有过这种经验：当你在做一件非常吸引你的事情时，你会花上许多时间去处理它，你会注意、牢记与这件事情相关的任何资料。在这个过程中，有一个很重要的因素激励着你，让你义无反顾地走下去，那就是“喜悦”。因为有兴趣，做的过程不是辛苦，而是好玩。孩子也是一样，甚至更明显，所以他们可以玩游戏一连好几个小时不嫌累，但写功课时才十分钟便“唉、唉”地叫。有些孩子甚至因为讨厌某个学科，宁愿将作业放在学校也不愿带回家里，但对于喜欢的领域或科目，可是记得比谁都清楚。

要如何增强孩子做事情的动机呢？关键也是喜悦。喜悦可以是做之前的期待、过程中的感受，也可以是完成后的成就感。通过鼓励，我们很轻易就可以做到这一点。

当孩子想逃避某些事情时，我们可以把这些事情分成若干小的目标，一旦孩子容易达到小的目标，便会有意愿往前，同时也会建立小小的喜悦感。

step2 打开注意力的大门

要接收信息，注意力的大门就要打开，因此孩子要练习把注意力在该打开的时候打开，这通过平常对话的练习就可以办到。比如，父母在说话时，要请孩子练习四目相对，眼睛一旦相对，注意力就可以搭上线。说完话后，请孩子用自己的话说一次，如此不但可以检查孩子的理解是否正确，同时孩子也通过复述整合与记忆信息，一举两得。

有空时便可带着孩子练习，孩子养成习惯后，他也可以将这个能力应用在生活的其他地方。

step3 逐步检查，培养检核力

如果孩子注意听了，也确实把重点都摘了出来，但事情还是没有做好，为什么会这样呢？

这可能跟疏于检查有关。有些孩子把重点记下来，联络簿也抄得很完整，但东西就是老是忘记带回来，这时候培养孩子“检核／检查”的能力就很重要。意思是让孩子把项目与实际的情形逐一比对，比如抄了联络簿后，通过检查，孩子就能够一笔一笔地确认是否都把作业放进书包。

有些家长会说：“我每次都叫小朋友要检查呀，检查半天还不是一样没带！”这只有一个原因，就是孩子只有嘴巴上说检查，但实际上没有养成习惯。要让一个孩子养成习惯，奖励很重要。父母可以和孩子说明，奖励是要帮助他养成检查的好习惯。只要每天都将功课带回家，就可以计点一次，集满点数就可以换取实质的奖励或特权。

当孩子能够通过检查核对自己的状态时，你会发现孩子也能够将这种能力应用在平常上课、考试与各种人际关系中，因为检查本身就是一种反思，让孩子看到自己的规划与实际表现的落差。

我们也可以教导孩子事情轻重缓急及归类的排序，你可以用“先……再……因为……”或“第一……第二……第三……因为……”的句型，帮他整理出事情的序列与重点，孩子也会在这种命令中学到事情的归纳与排序。

亲子教养练习题

以孩子书包里的东西老是丢三落四为例。

状况 1: 先确认孩子没带回家的作业里是否有他不喜欢的科目，如果有，问题便不在于孩子健忘或糊涂，而在于他面对不喜欢科目的态度。

状况 2: 当孩子是普遍性的迷糊时，可以用奖励计点的方式，让孩子跟着游戏规则走。比如，第一个星期，五天里有两天作业全带回家，获得五个点。第二个星期，五天里面有三天，便可以获得五个点，依此循序渐进。当孩子把作业全带回家时，可以口头鼓励孩子的努力。你可以说:“你今天把作业全带回家了，这让我感到很开心，因为你开始用检查的方法来帮助自己。”

当孩子将作业全带回家的天数能够维持一定比例时，可以再增加其他的目标行为，逐步改善孩子的迷糊表现。在练习的过程中，请别吝啬赞美孩子所表现出的任何注意力集中、双眼凝视、用心复诵、记录及检核等行为，这些在将来都是孩子重要的技能。

亲子教养再交流

孩子迷迷糊糊、健忘通常在学校的影响不大，大多是忘记带功课而必须在早自习或下课时补完，这对孩子来说就是相当大的处罚。因此很多时候，只要老师能够贯彻对孩子的管教原则，孩子自然就会自己想办法解决。

PSY's comics

1
别人的联络簿
除了联络簿和功课，你什么都带回来了呀！
啊，忘记了！你刚说要去巷口买什么？

2
检查小天使
1.姓名 完成
2.联络簿 完成
3 背诗 完成
通过培养孩子自我检核的能力，协助孩子不再忘东忘西。

睡觉时
总要有人陪，
不敢自己睡觉
怎么办？
16
应用题

“妈妈，我今天可以和你们一起睡吗？”就寝前，小诺低声问。

“怎么啦？又不敢一个人睡了吗？”妈妈似乎对小诺的问题并不意外。

“对呀，我还是怕会有坏人在家里。”小诺环顾着黑漆漆的房间，有点紧张地说。

“什么坏人？别闹了，哪来的坏人呀？”妈妈不禁哑然失笑，但小诺的神色仍然透露出不太自在的担心。

“好啦，我说宝贝呀，你别担心啦，不会有坏人的，而且爸爸和妈妈就睡隔壁呀，有什么事情你随时都可以叫我们，不是吗？”妈妈安慰小诺。

“但叫你们又不见得听得到……我就是怕嘛……”小诺已经

开始哽咽，神情显得更焦虑了。这时，爸爸神情不悦地走进房间对小诺说：“你太夸张了吧！每次都这样，该睡觉的时候不睡觉，你到底要搞到什么时候？你说有坏人，你去把他找出来呀！到底坏人在哪里？都住多久了你看到过半个坏人吗？”爸爸的责备让小诺头垂得更低了，双眼直看着地上，脸上尽是委屈。妈妈这时候出来打圆场：“哎哟，没关系啦，说不定只是暂时的，慢慢地就好了嘛。不过小诺，妈妈知道你会怕，可是我们说好了，你还是必须一个人睡哟。”

“呜……我真的不敢……”小诺眼泪溃堤般地流了出来。爸妈相视后只能无奈地摇了摇头。

生活应用解析

孩子怕黑有原因。

当孩子说他怕黑，不敢一个人睡觉时，背后往往有其原因。有时候不见得是黑暗本身，但与黑暗的确有关。当黑夜来临，房间的灯关上后，伸手不见五指，这时也是孩子幻想最活跃的时刻。黑暗此刻成为想象力的舞台，孩子脑海中各种白天的事件、电视中的画面、大人的玩笑等，在担心与害怕的夸张渲染下，成了“真实”的想象，因此孩子也就不敢独处。

所以，找出孩子不愿意一个人睡觉的原因，将是帮助孩子的关键。每个孩子担心的主题都不太一样：有的孩子害怕黑夜中会有鬼怪、坏人、小偷等跑出来，有的孩子担心父母会在夜晚时离开自己或受到伤害，有的孩子是受到噪声的干扰，有的孩子是因为在黑暗中经历过地震打雷等令人惊吓的事情，有的孩子可能是担心明天学校的某些情况，有的孩子则是希望能够借此多获得父母的关心，等等。

能够帮助孩子厘清原因，才能和孩子一起解决问题。当孩子因为害怕自己的想象而不敢独处时，父母往往要付出比较多的时间与耐心，阶段性地陪伴孩子度过。至于怕黑、不敢一个人睡的问题何时会完全解决呢，核心仍然在于父母处理的态度与方法。责备、强迫或处罚不会让事情好转，孩子如果因为你的责备而改善状况了，他只是默默隐忍住自己的担心而已。

父母可以这样做

step1 弄清楚孩子在怕什么

孩子怕黑的原因非常多，因此，第一步就是找出恐惧的来源。不少孩子因为在白天听了鬼故事、看了恐怖小说或是上网看了影音节目，而对于故事中的神鬼、小偷、强盗等感到害怕，在上床后不断回想到白天的情节或记忆而不敢独处。

父母千万不要觉得孩子的理由荒谬，表现出否定或嘲弄的态度，因为对孩子来说，他的确就是这么认为的。

step2 提供安全感

对某些中、低年级的孩子，父母可以提供一些象征性的物品，作为陪伴或保护孩子的对象。如绒毛布娃娃、动物玩偶等物品，父母也可以告知孩子这些娃娃能够保护他们入睡。利用收音机放一些抒情歌或孩子喜欢的音乐、故事，也可以转移孩子的注意力。若孩子不放心，可以提供小夜灯或在床头旁边放手电筒，通常也会有所帮助。

因为电影或电视的情节害怕鬼怪的孩子，父母有必要和孩子解释电影或电视的内容是虚构的，减少孩子的担心。

step3 再保证

对于坚信黑暗中会有坏人、小偷出没的孩子来说，除了提供安全感的物品外，也可以在睡觉前带着孩子亲自巡视家中的每一个地方，通过实际行动，减少想象的空间。同时父母也可以通过保证，增加孩子的安心感，父母可以说："××，我很确定地跟你说，你所担心的（孩子害怕的事物）并不会发生，它只会发生在你的想象里，让你误以为它真的存在。所以现在跟我一起说一次：想象不等于事实，我担心的是想象，事实上不会发生。如果你晚上有任何的担心，你随时都可以来房间跟我们说。"

通过这种自我对话式的语言，孩子可以在黑暗中安慰自己，减轻担心与恐惧。

step4 用正面意义取代负面情绪

同样的一件事情，随着看法的转换，会有完全不同的意义。当孩子觉得黑暗很恐怖时，可以试着把黑暗的意义做一些调整。我们可以在房间里贴上荧光星空贴纸，并且在不同的节日搭配不同的主题，让孩子可以看到天花板上美丽的图样，这样“黑暗”就从原本负面的“恐怖”变成了正面的“美丽”“有趣”。有时这种意义转换的技巧，也可以帮助孩子在生活中学习看到事情的不同侧面。

在调适黑暗的过程中，进展不见得会很顺利，因此父母总会感到气馁。当你灰心或失望时，也请随时保持对孩子的信心，肯定他的努力。有时候，问题不见得能够完全改善，但在努力的过程中，反而促进了亲子间的关系与相互理解。

亲子教养再交流

尽管孩子在学校不会突显害怕独处的问题，不过有些家长仍然会希望老师可以帮忙，这时处理的规则也同以上建议：一是先厘清孩子害怕的原因，二是与孩子讨论担心的真实性（想象不等于事实），三是提供父母可以采取的策略（如前面的具体建议）。有时候，孩子怕黑的原因不见得会对父母说，却会对老师说，这时老师也可以将相关的信息提供给家长参考。

另外，同学与同学之间不免有许多无伤大雅的故事流传，必要时，也可以帮助孩子澄清故事的真伪。

PSY's comics

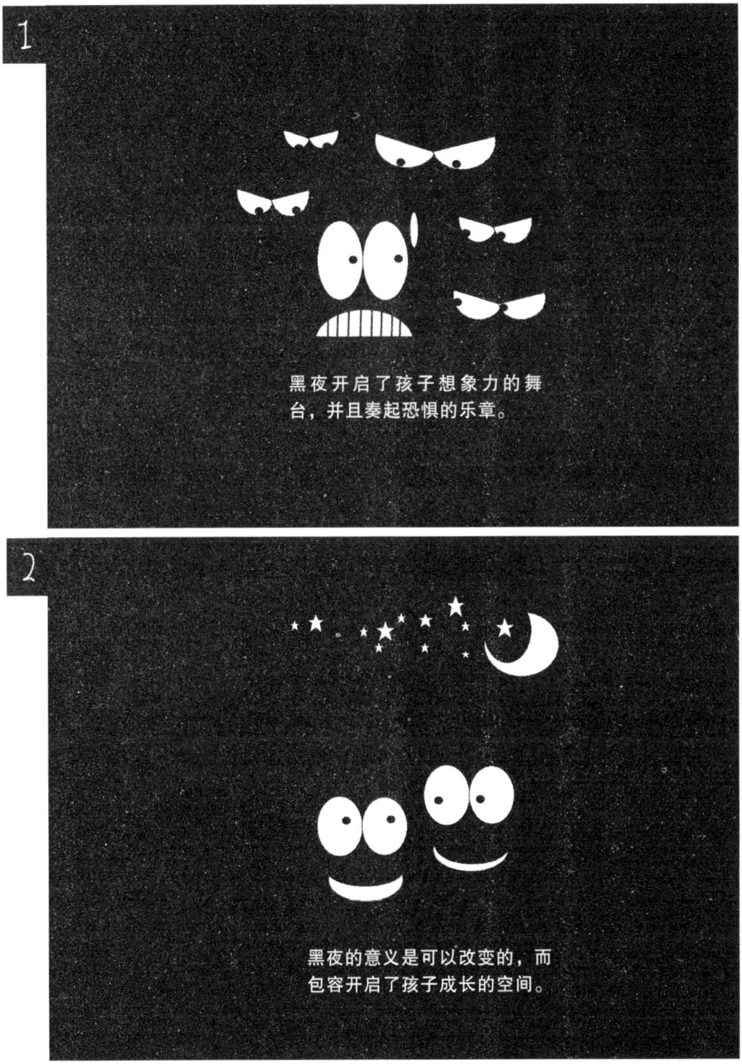

17 生活应用题

阿杰今年刚升入五年级，开学后没有多久，班主任便发现阿杰的作业缺交情况越来越严重，而且上学迟到的次数也变多了，虽然班主任写了联络簿请家长注意孩子的情况，但似乎没有太多的改善。不过班主任也观察到阿杰与同学的相处还算和谐，也有几个常走在一起的朋友。

有一次，班主任在办公室遇到阿杰低年级时的班主任，于是和他聊起阿杰的近况。依据这位老师的观察，其实过去阿杰在班上的人际关系还算可以，下课也常常和同学玩在一起，印象中偶尔会有作业没写完或是身体不舒服而请假的记录。

最近，阿杰对功课与学校消极的状态越来越明显，不但缺交的作业越来越多，被老师罚下课补写也不配合，迟到请假更是家常便饭。班主任和阿杰爸爸联络，阿杰爸爸表示阿杰从小脾气便相当拗，对于没有意愿的事情相当排斥，且对于人际的冲突会采取逃避的方式。这些人格特质目前亦可在校园中观察到。

生活应用解析

孩子不喜欢念书、不爱写功课，只要我们稍微回想一下自己过去的学生时期，相信就可以了解孩子的心情。但有些孩子对于上学念书这件事，非常抗拒与排斥，往往可能来自以下原因，这些原因彼此之间会互相影响，通常很少是因为单一原因引发孩子的问题。

a.家庭的问题

有些孩子在学校的状况，很可能是家庭问题的延续。因此，当家庭的状况不稳定时，孩子的心绪也会跟着波动，导致无心向学而引发后续的抗拒。因此，厘清家中的情况，以及可能对孩子造成的有形或无形的影响，才会比较清楚问题所在。

有些孩子因为家庭功能不理想，如双亲工作形式（早出晚归或是晚出早归）、父母长时间分隔两地，教养落到父母其中一方身上，家人对学习抱持不一致或否定的态度，或是父母本身有各种经济、司法问题的困扰，双亲婚姻冲突或是亲子互动质量不良等，都可能是孩子困扰的来源，成为其抗拒学校或功课的原因。然而家庭的状况往往都不单纯，可能是一连串纠结复杂的问题，往往也需要花费很多心思处理。

我曾经辅导过一个孩子，因为在小学五年级时意外得知自己是养子的身份，开始怀疑自己存在的价值，也对生父母弃养的决定感到疑惑。尽管养父母对他疼爱有加，但孩子在学校开始出现对立、抗拒的现象，后来在辅导老师及养父母的努力下，孩子才慢慢接受了自己的身份，回到学校。

b.个人特质与情绪问题

遇到挑战时，逃避是最容易的方法，积极面对则是鼓励与自我接纳的结果。

有些孩子天生的情绪本质比较负向，对环境的适应力比较低；有些孩子对压力的耐受度低，因此面临超过能力负荷或压力不断累加时，心里不免会排斥，并且转为行为的抗拒。一开始可能是不想写作业，接下来就是不配合罚写，最后开始逃避学习与学校。

小学中高年级算是一个学习的关卡，因为学校的科目在这时开始变多变难。有些孩子处理起来不再像低年级那么轻松，他必须花很多时间、投入很多精力，这时候如果又有家庭的问题出现，孩子又找不到合适的方法或策略，就可能增加拒绝学习的风险。

c.其他如临床诊断、认知功能或其他

孩子不学习，有时候可能是有生理或认知的问题。比如，有学习障碍的孩子可能看不懂文字的意思，或是无法理解数学符号的意义，因此学习过程总是充满挫折。有些孩子与学习相关的先天能力，如理解、记忆、整合等能力比较欠缺，这往往不是通过练习就能解决的问题，如果再用大量的题目、测验卷来“填鸭”孩子，往往会造成负面的效果。

少部分孩子并不排斥课业，但因为人际关系的问题而抗拒学校。有关人际关系的问题可以参考本书PART 4。

父母可以这样做

step1 家庭部分

家庭内若出现过大的变动，如夫妻争执、出现婚姻问题、工作变动等，孩子心情当然也就跟着焦躁不安，很难稳定。孩子变得很难专心、思考，处理课业和学校事务的能力就会降低，排斥感就会上升，学校对他也变得毫无意义。所以，父母的当务之急，就是检查自己的状态是否让孩子跟着起伏。

维持稳定而质量良好的关系，是我们可以努力的部分。稳定的意思就是规律、可以预测，也就是让孩子知道生活中每件事情相对应的关系，如完成作业才可以看电视、不写作业会被追究到底、爸妈几点会在家、妈妈不在时可以怎么找到妈妈、爸妈的要求一致等。亲子相处时的好质量能为孩子带来安全感，你该做的事情，就是注意安静地听孩子倾诉困扰、担心和喜悦。聆听是质量好的关键。

step2 情绪或特质部分

尽管功课或学习是个压力，但大部分孩子仍然可以在鼓励中去尝试。**当孩子感到挫折时，如果父母具体地鼓励孩子挑战，将能够激励孩子继续面对下一次的挑战，因为孩子将父母的肯定，内化为自我鼓励的动力。**父母可以说：“我看到你这次考试成绩／作业练习，你觉得如何？（让孩子说出他对自己表现的看法）我想你会感到（心情）是很正常的，毕竟这是很让人挫折的一件事情，但我同时也看到你的努力（眼睛注视孩子，具体说出孩子努力的行为，任何一点都可以），我很高兴／喜欢你这样的态度，我觉得这是成绩无法衡量的能力，却是你拥有的。”

有些孩子或许对读书感到无趣，但他喜欢与朋友玩耍、互动。我们可以鼓励孩子多多发展他的校园人际关系，这么做是让孩子对学校保持兴趣。然后和导师沟通，找出孩子不爱念书的原因，并且帮助孩子解决阻碍学习的难题。

当孩子的情绪问题或特质太过明显时，可以去医院精神科由心理医生提供情绪或特质评估，也可以由专业人员协助孩子建立适当的情绪宣泄、表达与因应的技巧，这些对于孩子在遇到生活中的挫折或压力时，都会有帮助。

step3 临床诊断、认知功能与其他

当孩子因为生理问题或认知功能而排斥学习时，父母请务必协助孩子一起找出困难点，并且与特殊教育资源联系，帮助孩子在适当的策略及安排下进入学习。更重要的是陪着孩子一起找出他的优势与兴趣，那将会是鼓舞孩子前进的动力。

亲子教养再交流

孩子不学习、讨厌学校，原因往往复杂交错。站在教育者的角度，尽管我们希望孩子能够培养对学习的乐趣，不过

我们也必须接受在现行教育体制下，仍旧有一定比例的孩子缺乏学习的动机，甚至排斥学校的制度。有些孩子在学习中找不到意义和乐趣，并因此和班级的规范对立冲突，甚至不入班、不进校，造成家长的挫折，也增加老师带班的困扰。

当老师评估孩子的家庭状况无助于学习，甚至干扰学习时，就该思考如何减少家庭的干扰，以及在学校资源中寻找可以让学习加分的选项。比如，这类孩子容易否定自己学习的能力，缺乏自信，老师如果能仔细找出他们在某些领域的优势，并且把孩子投注在这些兴趣中的态度（包括孩子的专注、持续与情绪）拉出来让孩子看到，具体肯定，并且循序渐进地引导到课业的学习中，有些孩子的确能够因此而改变学习的态度。

你可以说："我觉得你在（领域）的过程中好认真，整个人好专注／投入／开心，当你专注／投入／开心的时候，我觉得那是相当酷／棒的一件事。如果我可以在（尽量以孩子不排斥的课程为主）中也看到你这样的投入，我会非常开心的，你愿意试试看吗？有什么困难要不要跟我讨论看看？"

PSY's comics

1

孩子逃避学习、作业或学校，通常是某些想法的结果，关键在于他怎么想。

2

学习就像爬阶梯，重点不在孩子能够爬多高，而是他愿意接受挑战的态度。

18

生命应用题

孩子老爱联合其他人欺侮同学

下课时，一群孩子在走廊上玩鬼抓人的游戏，小毛在一旁看着同学们玩得不亦乐乎，也想跟大家一起玩。正当小毛说他自愿当“鬼”时，同班同学大牛突然对着他大吼：“孙小毛，谁说你可以跟我们一起玩啦？走开，你很讨厌，不要跟你玩。”

小毛有点错愕地看着大牛，不知道出了什么事。只见大牛继续一边对他挥手示意他离开，一边说：“我就是不想让你玩，谁叫你昨天不借我看数学习题。走！大家走，我们去那边玩。”在大牛的命令下，一群小朋友就跟着换了游戏阵地，留下小毛一个人。

小毛一个人悻悻地回到座位上，感觉有点生气，又有点难过，他对大牛不让他加入一起玩感到难过，同时也对大牛拒绝他感到生气。况且，大牛已经不是第一次排挤同学了。不久前，大牛才因为阿花自然课不跟他同组生气，不断在下课时编歌曲大声嘲笑阿花，逗得大家哈哈大笑，阿花后来再也不跟大牛说话了。

下午扫除时间，小毛跟大牛负责同一个区域。大牛趁老师离开后，又开起小毛名字的玩笑："臭小毛，烂小毛，班上有个屁小毛。什么也不会，只会每天抓抓毛……"其他同学觉得好笑，竟也不明就里地跟着一起附和。

"大牛总这样，每次只要做什么事情让他不高兴，他就会叫别人不跟那个人玩，或是开那个人玩笑、骂难听的绰号。"小毛忍住不舒服的情绪，一个人低着头默默打扫。

生活应用解析

孩子之间的争执都有特定的原因，其中大部分都与人际关系有关，不过只要问题获得合理的解决，或者时间一长，孩子通常就释怀了，不会再执着于当初引发冲突的事件，他们很快又因为其他的原因玩闹在一起。

但是孩子之间还有另一种冲突，不但长期存在而且充满伤害，它叫作“霸凌”。

霸凌是一种长时间利用语言（威胁、恐吓、辱骂）、肢体（暴力攻击）或关系（刻意孤立、放话中伤、造谣），在对方心理、身体上造成伤害的恶意行为。因此，在霸凌中总会有两个主角，一个是专门攻击别人的霸凌者，一个是被欺侮的被霸凌者。霸凌者通常有些优势是对方没有的，如权力、体形等，也因此，被霸凌者总是不太敢大声反抗，不过有时被霸凌者逮到机会，也可能会变成霸凌者。

霸凌者通常有几个特质，如比较以自我为中心、同理心比较低、挫折忍受度比较低。但是也有研究发现，功课好、品学兼优的孩子，也可能为了个人的需求（被注目、成为领导者、被肯定等）而霸凌班上的弱势者。因此，霸凌不是谁的专利，谁都可能是霸凌者。

父母可以这样做

如果你是霸凌者的父母

step1 和学校合作，不急着否认

父母接到老师的电话时，都会相当讶异自己孩子在学校的行为，反应也相当两极，一部分家长会怀疑老师的话，另一部分家长则不分青红皂白就马上处罚孩子。这两种都不是解决问题的方法，应该将老师反映的信息和孩子自己的说法同时比对、交叉检核，才会得到比较完整的情况。

当你试着拼凑老师与孩子的描述时，便能够厘清事件中缺漏的部分、没有讲清楚的地方，并客观地理解这件事情。请记得：**当我们不知道孩子在学校的状态时，请勿抱着先入为主的立场，认为一定是什么或一定不是什么。**

step2 厘清孩子的动机

通常孩子可能因为对方的某些条件（外貌、行为或人际关系等等）而欺凌对方，他可能是觉得好玩，或是觉得这没什么大不了的。因此父母可以引导孩子从被霸凌者的角度出发，理解被霸凌者的不舒服与压力，提高孩子理解对方处境的能力。当孩子能够理解对方的困境时，就会降低刻意欺侮对方的频率。

你可以带着孩子换一个角度去看对方的优点，你可以说：“我想听一听，你觉得他是一个怎样的人？他有哪些你不喜欢的地方／别人欣赏他的地方／你欣赏他的地方？”

孩子通过这样的引导，也就能慢慢从对立的角度，换到另一个正面看待的立场。每一次对孩子理解的尝试和努力，都是在降低其日后霸凌的机会。

step3 使用“我信息”

当你要跟孩子讨论霸凌究竟对不对的话题时，可以使用“我信息”的方式。

所谓“我信息”，是一种沟通中常用的方式，它的原则很简单，你可以把要沟通的内容依据事件（中性地描述你所看到、听到的那些让你不舒服的事件，我看到、我听到）+感受（你的感受、心情、情绪等）+原因（引发你情绪的原因）的顺序向孩子表达。这与平常我们习惯的表达方式内容大致一样：“你在搞什么东西呀？你怎么可以欺负别人，这是很糟糕的一件事情，你让我很失望。”只是将以往用“你”开始改为从“我”出发，在顺序上做了一些调整。

爸爸妈妈可以说：“我听到你在学校对待小明的方式，你用了不好听的言词骂他（描述你所看到、听到的客观事实），这让我感到很伤心（描述你的感觉），因为你对待小明的方式，其实会对对方造成伤害，但你并不明白这一点（描述你的原因）。”

利用“我信息”的好处是，孩子不会因为一开始就被你斥责而排斥你的建议，反而在你表达出自己的情绪后，比较能够听进去你的原因与建议。

step4 以身作则

孩子的行为，不少是父母的翻版，因此反省自己是否在某些言行上成为孩子负面的模仿对象，有助于孩子行为的改善。

如果你是被霸凌者的父母

step1 确认孩子是否被霸凌

现在小学生的霸凌常常是通过言语的方式进行，霸凌者通常相当隐秘低调，连老师都不见得会发现，但大部分被霸凌的孩子会有一些行为反应。因此，当父母发现孩子有这几种情况时，可能要小心：孩子的成绩在短时间内退步、贵重物品无故遗失、用钱量大增甚至偷钱、情绪低落焦虑或有明显的起伏等。以上都可能是因为孩子在学校遇到了霸凌事件，因此有必要和孩子公开讨论。

你可以说："我看到你（具体的表现或情绪改变），这让我有点担心，因此我想确认你的状况，好让我知道可以怎么帮助你，你是不是在学校遇到了什么不开心的事？"

step2 和学校合作，而不是对立

许多父母一得知孩子在学校被霸凌后，往往对学校及老师没有及早发现感到很生气，并怀疑是学校包庇才让霸凌发生，因此

四处检举申诉，让两方原本应该合作的关系变成彼此猜忌，无助于霸凌的减少。

事实上，现在的孩子相当小心聪明，因此霸凌时总会刻意避开老师，胁迫被霸凌者不能对别人说。加上言语霸凌没有直接证据，老师想查也无从查起。

因此，一旦父母发现孩子有被霸凌的可能时，务必和老师保持同盟的关系，从合作的角度来讨论如何解决。

step3 了解孩子被霸凌的原因

霸凌的发生，往往不会只有单边的责任。有时候我们也应试着了解，为什么自己的孩子会成为被霸凌的对象。通常可能是人际关系的问题：孩子的人际交往技巧不好、本身的个性（害羞、容易冲动等）、体形或仪容的特点等。有些原因可能原本就是孩子长期以来的困扰，这需要时间慢慢协助其改善，但绝对不应该成为被霸凌的借口，也不能作为孩子否定自己的理由。

step4 让孩子学会自助

孩子在遇到霸凌时，第一时间拒绝与离开会有帮助，因为霸凌者有时就是想看到对方的无助反应，这会激起他们的乐趣，因此父母可以教导孩子明确地拒绝：“我不喜欢你这样对我，请你停止。”并请孩子尽量避免落单。霸凌带来的阴影及伤害是长期且深远的，父母需要考虑孩子的状态，寻求心理医生的协助。

亲子教养再交流

霸凌是一个令人头痛且永远存在的问题，加上霸凌的隐性性质，很多时候是事件爆发后老师才知道，往往给老师造成相当大的心理压力，因为家长和校方都在看你怎么做，有一种动辄得咎、里外不讨好的无力感。

从个人行为的角度，一旦老师积极且明确地介入处理，日后孩子就知道这是一个不当的行为，能够减少霸凌的发生。

而霸凌也是一个系统（个人、家庭、学校三者）的问题，因此要长期从根本上解决，光靠老师一个人是绝对不够的，家长的角色更重要，维持和家长的理性沟通，也是减少干扰的方法。

有研究指出，除了将霸凌事件中的相关人全部一一揪出，并按照校规明确处置外，老师如果在平日课程中增加孩子讨论霸凌议题的机会，如通过加害者、被害者的角色扮演短剧，观看倡导短片（孩子越熟悉的艺人亲身示范效果越好），体验活动，这些都有助于增强孩子的同理心。**而同理心有如行为的一把钥匙，有时候它能决定孩子的行为是否开启。**

PSY's comics

霸凌无处不在，并会给当事人带来长期的心理痛苦。

若每次霸凌事件都能得到老师及双方家长的妥善处置，将能降低霸凌再发生的概率。

总是忍不住
拿别人的东西，
骂过也没用，
怎么办？
19
生活应用题

阿福是一个小学二年级的孩子，个头小小的，皮肤相当白皙，在同龄的孩子当中看起来身形瘦弱了些，不过他可是令学校老师倍感头痛的人物之一。倒不是因为他有什么攻击性或危险性，而是因为导师观察到阿福自从入学以来，便发生了多次偷窃行为，这让老师非常担心。接二连三的偷窃行为不但影响了阿福的人际关系，也影响了师生之间的互信。

尽管校方做了入班倡导，学务处老师也找阿福做了严厉的声明，甚至转介辅导处，班主任也试着和家长合作，爸爸妈妈从好好说理到责骂、处罚，所有可以用的方法都用过，但是阿福偷窃的行为仍然没有太大改善，他现在不但在学校偷窃，放学后甚至会约同学到邻近文具店行窃。

生活应用解析

不少孩子都曾经因为一时的冲动或迷糊，蓄意拿了不属于自己的东西，但是一旦被发现后都能有所改善，并且知道自己的行为不对。然而长期的、经过管教后仍然出现的偷窃行为，问题就很复杂。

有些偷窃的孩子，他的家庭功能不是很理想，甚至有受虐、照顾者疏忽、管教不当等问题。也有些孩子没有这些问题，但偷窃的问题持续不断。

从偷窃这个行为来看，最重要的是孩子知不知道东西不是他的，以及是否可以拿取不属于他的东西。这涉及对物品所有权的认知。从大脑发展的角度来看，三岁前的孩子还没有发展出“物权”的观念，其行为是以自我的需求为出发点的，因此他不了解偷窃的含义，想要的东西会直接伸手去拿。通过爸妈的告诫、处罚，孩子直接拿取的行为便逐渐减少，并且学习到有些东西不属于自己的概念。到了四五岁学龄前的阶段，孩子的大脑开始能够分辨你和我的不同，在这个基础上发展出私有财产的概念，对行为的是非判断也有了基本的认识，同时，家人的教导让孩子能够学习以符合规范及期待的方式拿取物品。

因此，小学一年级的孩子，在正常状态下都知道物权的概念，剩下的就是判断行为对错的能力。

偷窃行为，可以依据孩子的状态大致分成几种类型：1. 家庭教养功能出了问题，孩子对是非判断有偏差；2. 过动冲动特质的孩子，行为比意念还快；3. 伴随以上状态的孩子；4. 工具型的偷窃。

父母可以这样做

step 1 评估：要了解孩子的动机、偷窃物品的模式与类型

偷窃行为动机的评估

在处置之前，最好能够了解孩子背后的动机，才能够评估适当的处置方式。有些孩子是因为对物质的欲望（基于对某些物品的喜爱或需求，但无法以正当手段获得）、受教唆、家长未予以禁止、父母不尊重儿童的所有权、天性（特质，冲动控制、刺激感）。

父母可以很清楚地和孩子说明对他偷窃的看法、担心及处理方式，并且切实执行。家长可以说："我看到/听到你最近的行为（中性地描述事件的过程），这让我觉得（情绪），因为（让你有这些情绪的原因），因此我要和你好好讨论这件事情（请孩子说明他的原因）。"

偷窃类型的评估

偷窃行为都有模式，就算没有模式本身也是一种模式。这包括时间、地点（按照严重程度区分为：校内，班级、操场、非办公室之其他地区、办公室；校外，家中、公园等公开场所、实体商店）、物品（包括钱、食品等，并厘清该物品对孩子所代表的意义是什么）、偷到物品后的处置（师长、父母的反应）、心情（紧张、欢愉、刺激）、想法（有无罪恶感）等。

这些资料可以让我们知道孩子偷窃的类型、场所、时机及心理的状态，每一个环节都可能是日后增加或减少偷窃的关键。

当问题来自家庭功能时

不少孩子偷窃是因为家庭教养或功能的缺乏。如果是因为家庭问题，这往往也会是很复杂的。因为孩子的行为可能是家庭整个问题的最末端，而不是核心的问题，所以解决家庭中正面临的核心问题才是首要的任务。

我曾经遇到过一个孩子，爸爸在外地上班，妈妈因为要负担家中大小事，又要处理两人的婚姻问题，心力交瘁，不自觉地便用禁食、罚跪、鞭打的方式处理孩子的行为问题，而孩子在长期的高度焦虑中，在学校出现频繁的惯窃行为，这一切在稳定的治疗介入后，才获得改善。

冲动控制困难的孩子

有些孩子的偷窃是过动冲动特质的结果，因此不只是大人，孩子自己也相当辛苦，因为有时候当情绪或念头一出现，行为就跟着发生了。除了寻求医疗的协助外，父母也可以和孩子拟订努力契约，和孩子讨论如何处理情绪，以及如何运用手边的资源及意志力减少偷窃的发生。

家长可以说：“我知道有时候当你情绪来或冲动时，便会很难克制地想要拿取别人的东西（理解孩子的处境），不过同时我发现你也清楚这是不对的行为（肯定孩子有判断的能力），这就代表你有可以努力的空间（增加尝试的动机），我要请你跟我一起做些尝试（合作的关系）。”

在孩子尝试的过程中，重点是和孩子讨论他遇到的困难，针对困难的解决方法，以及你是否看到他的进步或努力。有时候孩子的进步可能不明显，但他的努力是值得鼓励的，而这种努力克制的能力，也是孩子终生的重要宝藏。

工具型偷窃的孩子

有些孩子偷窃是为了报复特定的人，或是吸引别人的注意、转移自己的情绪，这些在厘清动机的过程中，便会慢慢浮现。这类的孩子有判断的能力，只是他做错了选择，当我们看到孩子背后的需求，并做了适切的处理与告诫后，往往状况会有所改善。

step2 一旦查获、得知、怀疑偷窃行为发生时，可立即采取的方法

每一次偷窃行为的发生，都必须立即处理。

a.严厉矫正

要求孩子将获取的物品马上送回给所有者，外加一样和所窃物品相当之物品（从孩子的所有品中选取）。这么做的目的是让孩子为偷窃行为付出代价，同时也让他知道父母对偷窃行为的严正立场。

b.内隐行为改变技术

这个方法在孩子与父母关系不错，也有适当沟通渠道时比较适合。

让孩子想象偷窃后所面临的嫌恶情景，并让他列出偷窃造成的负面结果（如失去别人的信任、朋友变少、失去某些权利或福利等）。小一点的孩子可以用图画代替（如请孩子画出偷窃后老师、同学嫌恶的表情，被罚坐在隔离区等），大一点的孩子可以用写的方式，让其记录在自己的笔记本中。让孩子在每天上、下课时各想一遍（可请导师、辅导老师协助实施，或是提供该嫌恶情景的图画）。

亲子教养再交流

每一个孩子偷窃的原因都不同，厘清动机是首要的。

冲动过动的孩子，有时候只是出于一时的需求，因此事后知道自己的行为不对。对于这类的孩子，给予反省的机会是有意义的。有的老师会在教室内放一套桌椅，并且和孩子约定，如果因为冲动而拿了不属于自己的物品，但在一定时间返还，则不予追究，其用意是鼓励孩子反省并且学习克制，而不是处罚他难以克制的行为。我们也可以用孩子每次返还的时间来衡量他意志力的表现，并鼓励他把意志力放在事前的克制上，亦可合并使用内隐行为改变技术。

孩子短时间内未再出现偷窃行为时，口头、社会性的鼓励也有助于他的进步。

PSY's comics
1
阿福，你手上拿的
是什么东西？
呃！……
地上……
地上捡到的……
半路出现!!
2
PSY.
chen.
孩子偷窃背后的原因动机各不相同，找出问题才能对症下药。

孩子用器具**自我伤害**时，该怎么办？

“老师！老师！不好了！雅洁她……”美术课才一下课，班上的孩子急急忙忙地跑回班上。

“怎么了？慢慢说。”王老师不安地放下手边工作，抬起头看着跑来的孩子。

“雅洁，雅洁她……她刚刚美术课的时候，突然用刀子割自己的手！大家都看到了！”孩子上气不接下气地说完，这下换王老师慌张了。“她现在人呢？有没有怎么样？”

“她现在应该在美术老师那边吧，老师把她留下了。”孩子回应。

王老师赶紧拿起话筒，和美术老师联络了解了来龙去脉后，雅洁也刚好回到班上。

“雅洁，请你过来一下。”等雅洁站定后，王老师继续说，“我从美术老师那里知道了你的事。发生什么事了？我想听你说说。”

“没有啦，只是好玩而已……”雅洁低着头不好意思地回话，似乎知道自己做了件不太好的事情。

“我听美术老师说，这好像不是第一次了！是哪一只手？”王老师示意雅洁把手伸出来，然后仔细地看了一遍，发现孩子的左手腕上有几道细细白白、长短不一的浅面刮痕。

“这是什么？”王老师认真地看着雅洁。

“就是好玩而已，用铁尺弄的，觉得痒痒的……”雅洁回答。

“你确定只是好玩吗？”王老师不放心又再确认了一次，雅洁点点头没有再回话。

“这个行为相当不妥，老师很担心你，知道吗？以后不可以在班上出现类似的行为，知不知道？”王老师郑重地告诫。雅洁点了点头，只见她转过身吐了吐舌头，走回座位上。而王老师利用课余时间，拨了通电话给辅导处。

生活应用解析

不管是谁，选择用什么方式或工具，试图“伤害自己”本身就是一个不太寻常的举动。因此当家长听到或看到孩子的这类行为时，心里的惊恐可想而知。

在学校的几年经验中，我发现大部分孩子由于身心状态都还不成熟，对于生、死的概念与意义不太清楚，加上能力限制，孩子很难操弄精密或粗重的机械或物品来伤害自己，所以几乎少有孩子是因为找不到人生意义，而选择自戕来逃避的案例。但这不代表孩子不会自我伤害，事实上，自我伤害在校园中并不罕见。那么，这背后的原因就更值得我们好好探究了解。孩童自我伤害的原因是相当多元且复杂的，没有办法用一个原因说明或解释，仅能约略分成几个部分。

a.好奇、好玩、同学起哄

不少孩子出于好奇，或是在同学的起哄下做出伤害自己的行为，可能就只是别人的一句话或是一个玩笑，孩子的判断力便在怂恿下瓦解，做出危险的行为，如从高处跳下、跑到都是车子的马路上等。这种对别人怂恿或挑衅的回应是因为孩子的大脑还不成熟，一激动就看不到事情的结果，所以别人一点火，他自己就爆炸了。

b.情绪或是适应问题

有些孩子自我伤害的原因是明显的情绪问题，而所用的方法从用刀片割手腕、用利器划手臂、用拳捶墙壁，到空手拔头发等，不胜枚举。如果你再仔细地探究，你会发现这些孩子的情绪就像是捆绑住一堆粽子最上面的那一条线，往往一拉就会连带将整串的人际关系、课业、家庭或是其他相关问题全部拉扯出来。

c.自我伤害成为索取注意的手段

有些孩子可能因为家庭、自己或其他原因，亟须大人或同学的注意。当这类孩子在无意间通过某些偶然事件发现自我伤害可以获取大人的注目与关心时，无形中就增加了其自我伤害行为的频率。但是焦点仍然在他的目的：希望被关心、被注目。

d.其他诊断问题

不少儿童期常见的发展疾病，也会出现固执且重复刻板的自我伤害行为，如敲打自己的头、撞墙壁等。不过我们应该要了解，疾病限制了孩子解决问题的能力，因此他仅能采取激烈的反应方式，但孩子面对的困扰与产生的情绪才是我们应该关注的核心。

父母可以这样做

当孩子是因为好玩、好奇时

当孩子基于好玩、好奇而做出可能会伤害自己的行为时，重点在于让孩子知道行为的潜在危险与后果。如果他知道从楼梯上跳下来的代价是裹石膏的脚并且将因此连续三个星期不能出去玩，或者跑到大马路上玩的后果是让爸妈担心及被处罚时，或许他下次就会在行动前先想一想。中低年级的孩子对安全、危险这种抽象的概念不太了解，**所以与其只对孩子说某件事情很危险，不如同时让孩子知道做这件事情的后果是失去他在意的事物，如玩乐时间、禁足、没收物品等，他就会认真思考这个行为是否必要。**不过，当回想我们自己小时候的经验时，我们似乎也不是百分之百遵从父母每一次的告诫，或许在某些时候，经验比言语更有力量。

当孩子有明显的情绪问题时

一旦长期累积的情绪找不到出口，孩子便会在激烈而矛盾的苦痛中寻求抚慰。当孩子被情绪所缠绕时，是相当耗费资源与心力的一件事，孩子要面对眼前引发情绪的困境，还要应付情绪本身的折磨。因此，自我伤害成了从苦痛中逃离的少数选择之一。

某种程度的生理伤害，会促使大脑释放出一种类似吗啡的成分，它能够安定精神，带来正向的愉悦感，给流离在苦难中的人带来短暂的解脱，而这种解脱加上来自他人的关注，则又促使了下一次同样的选择。

问题的核心在于孩子面临的困境，当他的能力无法解决问题时，便在长期的无助困顿中累积了大量负面的情绪。困境是原因，情绪是结果。

当孩子想要关心时

当孩子通过行为来索取关心时，往往最直接的处理方法，就是点出他的行为与需求之间的不恰当关系，让孩子知道我们看到了他行为背后的需求。我们反对但不批判孩子的行为，更重要的是承认他的需求是如此真实且不容否认的存在。毕竟对一个能力还有限的孩子来说，或许自我伤害是最直接简单的方式，来证明自己值得大人的关注或爱。你可以说："你用伤害自己的方式想获得我们的关注，对吗？我看到了你的需求，但我也想和你讨论关于你用的方法是否恰当……"

当孩子伴有发展性诊断问题时

有些精力旺盛或个性比较偏执的孩子，容易在遇到挫折时出现伤害自己的行为。这显示出孩子在面对压力时的弹性有限，导致他在认知资源不足时，会用比较激烈的方法表达自己的情绪或挫折，这类孩子需要家长、辅导老师与心理治疗师合作，从比较全面的角度为孩子拓展出各式各样的选项与可能。

亲子教养再交流

自我伤害由于涉及人身安全，是一个杀伤力极大的行为，不但复杂而且棘手，往往给老师及校方造成极大的压力。

当孩子同时伴随明显的情绪问题或诊断问题时，情况也就变得更加困难。尽管自我伤害是一个多面向的社会与心理问题，但是人身安全是优先的考虑，因此一旦孩子有自我伤害的迹象时，增加环境中的保护因子是很重要的，比如指派小天使陪同、减少孩子独处的时间、提供直接的联系渠道及转介辅导处寻求协助等。

如何评估孩子自我伤害的风险

“自我伤害”是一个相当严肃且不容忽视的问题。不管是家长、老师还是同学，我们都有可能在生活中遇到类似的情况，甚至必须直接处理，因此对自我伤害多一些了解，才能提高警觉。

什么是自我伤害？“自我伤害”是一个人“有意图地”直接或间接伤害自己的行为。简单来说，就是他“想要”伤害自己。自我伤害大概有以下几种情况。

自我伤害：基本上孩子并没有真正要结束自己生命的想法，却用各种方式来伤害自己的健康，如以头撞墙、以手打墙壁、重复拔自己的头发、咬伤自己等。

攻击行为：故意用伤害别人的方式，意图让自己陷于不利的状况。

自杀的想法或计划：有自杀的意念或具体的计划。

自杀的行为：依据自己的意图计划结束自己的生命。

自我伤害通常都是一个长期渐进的过程，很少是突然的行动，所以孩子会有一些外显的特征是我们可以观察到的。只要留意这些征兆和线索，就有机会减少憾事的发生。而与自我伤害有关的线索，大致可以分成五类，分别是：言语上的、行为上的、情绪及生理上的、环境上的，以及四种合并的。

a.言语上的线索

语言是我们理解孩子最快、最直接的渠道，语言也是反映孩子内在想法的主要媒介。如果孩子的话中透露出想死的念头，比如“我真的应该去死”“我死了也不会有人在乎”之类的话，显然就不是一件寻常的事情。依据大部分临床工作者的经验，小学的孩子不太会掩饰想死的意念，因此常常会在通信软件或社群网站上留言，或是在作文、周记中直接说出来。有些孩子对死亡有不正确的观念，比如会认为死亡只是暂时的，是可以恢复的，还可以用来逃避不想要的压力等，这些都是对死亡本质的错误认知，也可能意味着孩子对于死亡有某种期待或需求，希望通过死亡来应付某些难关。

b.行为上的线索

每个人的行为都有某种惯性，比如，几点起床、出门，搭什么车上班，走哪条路上学，在哪里吃早餐，等等。在平常的状态下，我们的行为模式并不会有太大改变，但如果生活的惯性突然出现了明显的变化时，也就是“和以前不一样”时，可能就意味着孩子遇到某些麻烦了。比如，原本很热心积极的孩子，突然对学校或家里的活动不再热衷；原本礼貌的孩子对长辈或家人变得很有攻击性；原本沉默的孩子突然变得很聒噪；成绩的改变，人际关系的退缩或积极，到校时间变得不稳定，精神状态的起伏等，都可以视为某种征候，有必要进一步地了解。

c.情绪及生理上的线索

除了言语与行为的线索外，情绪也是一个很重要的指标。如果一个人长期处在负面的情绪下，通常会影响到他的观点，不但窄化了其看事情的角度，也僵化了其思考的弹性，使其做出偏激的结论。

如果你发现孩子长期处在低落或负面的情绪中（难过、暴跳如雷、惶恐不安、冷淡疏离、苦闷无望、无助失落、罪恶无价值感等），或是孩子的情绪上上下下，变化大而不稳定时，都值得我们留意。情绪通常也会影响到生理，最常见的问题包括睡眠问题（常常表现为不容易入睡、睡着后容易惊醒等）、没有食欲或饮食过量，以及体重明显上升或下降等。

d.环境上的线索

任何让孩子感到明显压力，并且超过他觉得自己的能力可以应付的范围的事件或环境，都有可能是一种警示信息。例如：严重的失落事件，如最亲近的家人死亡或离开；家庭结构或双亲关系的变故，如外遇、争执、离婚，或是在校内外遭受霸凌；等等。当这些事情发生时，如果孩子没有良好的认知功能、友善的人际关系或环境时，他可能会因为不知道该怎么应付，加上没有人可以帮助他，而落入无助的绝境里。

e.合并式的线索

每一个事件本身，都可能是前一个事件的结果，也可能是下一个事件的起头，事件与事件、状态与状态之间，是彼此关联而相互影响的。前面介绍的四个特征，基本上是把一个人的状态分成四个角度去做细部的观察与评估，当我们把这四个角度合并在一起时，才能够用更全面的视野来了解孩子的处境，以及这些事件与状态彼此间的关系。

比如，孩子可能原本每天都很期待上学，老师的评语也都是积极正向的肯定与鼓励，但就在某个时间后，他突然变得畏缩，每天睡觉前闷闷不乐，早上愁眉苦脸，常常在上学日抱怨头痛、肚子不舒服，借故不想去学校，也不再分享学校的事情，和孩子聊天时，他表示“心里很烦，不知道该怎么办，我觉得事情永远不会有好转的一天，我只想远远地逃开……”原来孩子在学校遭到高年级学生的霸凌，还被威胁不可以跟任何人提起，连老师也不知道。当孩子觉得上学很痛苦，而且没有人能帮助他时，这种沉重的压力若持续下去，很可能会带来无止境的痛苦，而在压力中以自我伤害的方式逃避现实问题。

如何评估

一旦怀疑孩子有以上的状态时，老师及家长可以使用“学生自我伤害行为筛选量表”（附件三）作为初步检测的依据。得分高则应该尽快联系校方，包括导师与辅导系统。就算孩子得分低也不代表他没有自我伤害的风险，那可能显示孩子目前遇到一些适应不良的情况，仍然必须给予关心。

面对高风险的孩子，父母与老师该怎么做

有三个步骤是我们可以做的：一问二回应三转介。

step1 问

自我伤害通常有迹可循，而不是突发的状况。一个行为的出现通常都是遵循“念头→计划→行动”的过程，因此，一旦怀疑孩子有自我伤害的想法时，可以通过以下问句来了解孩子的自我伤害是在念头、计划、行动的哪一个阶段。

问法包括间接的：“你最近是不是感到不快乐？（不快乐到想要结束自己的生命）”“你是否曾经希望睡一觉并且不要再醒来？”也可以直接询问孩子：“你是否想到过自杀呢？”有的人对于是否要直接询问孩子感到困惑，根据世界卫生组织的研究：**在良好的**

关系下，谈论自杀并不会增加自杀的风险，反而有助于厘清当事人自杀的想法，并且在倾听的过程中，让孩子感受到被重视、被在乎。倾听时，避免太快批评或下判断、太快给建议。只需要倾听就好。

你可以说："刚刚当我听到你说的这些时，其实我有点担心（疑惑），如果你不介意的话，我想请你帮我，我想再多了解一点有关你最近的状态，好吗？"

如果对方说不用，可以继续询问："没有关系的，你可以对我说是什么让你感到担心吗？"

step2 回应

重点在于了解孩子的想法，因此不需要否定或斥责孩子的态度，只需要：

1. 了解孩子负向思考的内容。
2. 对于孩子任何正向思考给予积极的响应。
3. 提供任何形式的"希望"。
4. 询问孩子接受协助的意愿，鼓励其寻求协助。

step3 转介

辅导系统、精神科门诊都是可以转介的资源。在转介前，请向孩子解释转介的原因与目的在于我们希望可以通过更多专业的力量，与孩子一起解决眼前的问题。

PSY's comics

1
自我伤害的背后，往往是一连串错综复杂的原因。

2
PSY. Chen.
通过关怀，我们能够陪同孩子一起走出情绪的阴霾，让我们成为孩子的小太阳。

附录

Appendix

附录一

情绪温度计

a.适用范围

低年级的孩子。

b.功能

用温度计的具体概念，帮助孩子了解自己情绪的不同程度。父母可以和孩子一起合作完成。

c.用法

先标出 0~10 的指标，然后和孩子一起用不同的颜色，在温度计中画出各个情绪的区块，比如 0~2 是蓝色，代表开心，2~4 是绿色，代表紧张，依此类推。父母可以提供代表情绪的字词，由孩子来决定颜色，并且写下孩子在不同情绪时，身体的感觉和行为。也可以借此讨论遇到负面情绪时，可以怎么办。

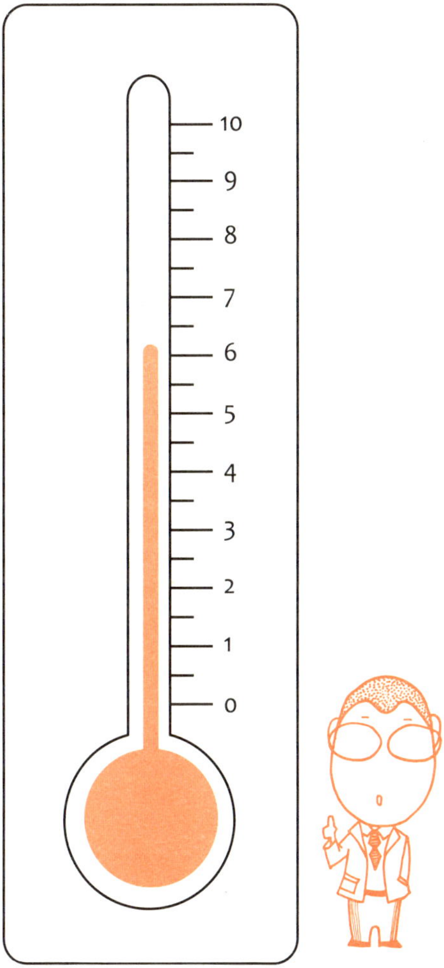
10
9
8
7
6
5
4
3
2
1
0

a.适用范围

中年级的孩子。

b.功能

此为情绪温度计的概念图，父母可以和孩子一起合作，完成专属于孩子的情绪温度计与情绪脸谱。目的是让孩子接受人际挑战，看看孩子有没有办法完成任务（引发孩子动机）。

c.用法

可以从 0 到 100 或从 0 到 10，把情绪依程度划分，并依据孩子的能力做评估。更重要的是记录事件、想法、情绪及结果，并让孩子评估是否喜欢结果，再来讨论具体做法。

____月____日的　　　　情绪温度计

情绪	情绪温度值	情绪	想法 感觉	我做了什么	结果	我喜欢吗
╰(‵皿′)╯	10	超生气、大发狂值：例 9.2	例如：气死我了、我连这个都做不到、每个人都故意针对我…… □ 其他：____	例如：扔东西、吼叫、跑开、哭泣、踢东西等		
(╥_╥)	8	沮丧难过值：例 8.3	例如：我好糟糕、我感觉不舒服、不要烦我、让我静一静 □ 其他：____	例如：躲起来、走开、哭泣、不去上课等		
(￣︿￣)	6	挫折失望值：例 7.2	例如：事情没照着我的想法发展、饥饿、疲劳、头痛、想放弃 □ 其他：____	例如：不想理人等		
(＞﹏＜)	4	害怕紧张值：例 4.1	例如：我不确定可不可以……、我不知道怎么办……、身体紧绷、呼吸急促 □ 其他：____	例如：频繁上厕所、跑出教室、东摸西摸等		
(￣▽￣)y	2	感觉好、心情好值：例 0.5	例如：看什么事情都觉得好棒、心情轻飘飘 □其他：____	例如：跟大家一起笑、开玩笑等		

a.适用范围

高年级的孩子。

b.功能

协助孩子练习记录情绪事件，并且在整理的过程中，孩子也开始练习如何摘要、表达与书写一段文章。在记录时，孩子会开始熟悉事情的前因、后果及与情绪之间的关系。

我的心情周记（____月____日～____月____日）

日期时间	地点	发生了什么事情、谁、怎么发生的	我的心情是什么样的、我做了什么	结果是什么	情绪温度计

附录二

我是小侦探：
人际事件记录簿

a.目的

与孩子一起合作建立良好的人际关系。利用两到三周的时间，和孩子一起设计一个活动，叫作“我是小侦探”，目的是让孩子接受人际挑战，看看孩子有没有办法完成任务（引发孩子的动机）。

b.游戏方法

1. 选定一个班上人缘不错或孩子欣赏的对象，一个就好。

2. 进行两到三个星期的角落观察，也就是说“小侦探”不能被发现在观察别人。

注：和孩子讨论利用什么时间记录，如何不被发现（远远看，静静听，不作声），如果被别人看到时，该怎么回应，如“这是我的团体活动作业，不方便公开，但是老师知道”等等。

3. 要观察选定对象的几个部分，包括：讲话时眼睛都看哪里，讲话的音量大或小，讲话的速度快或慢，会不会等别人说完话再回答，等等（如表格所示）。

4. 计分。从 0 到 10，0 分就是最低分（负面），而 10 分就是最高分（正面），最后加计总分（之后也可以跟自己对照），每天（看导师方便）计算一次，坚持正确记录连续一周（五天），给予奖励一次（要先建立孩子的奖励清单，这里进行奖励也是鼓励孩子能够闭嘴静静观察）。

5. 建立完第一天的清单后，讨论是否有困难的地方，是否需要调整或修改，第一周建议较积极地了解孩子记录的状况。

6. 待孩子稳定记录后，可以试探性地和孩子讨论如果换成孩子自己，他会得几分。

7. 和孩子一起讨论他有哪些地方表现很好，有哪些地方可以加强，怎么加强？

我是小侦探：人际事件调查簿

	调查日期						
	调查时间						
	事发地点						
调查项目	眼睛注视 (0~10)						
	说话音量 (0~10)						
	说话速度 (0~10)						
	让别人先说完再说 (0~10)						
	专心听 (0~10)						
	正面情绪 (0~10)						
	总分 （满分 60）						

附录三

学生自我伤害行为筛选量表
——教师观察评量表

本量表摘自我国台湾地区教育部门编的《校园自我伤害防治处理手册》。使用本量表时，若学生符合量表中题目的题意，则获得一分。

◎ 高危险学生评估参考：

（以下指标若全符合，建议父母和相关医疗机构联系寻求协助）

【忧郁与孤独】得分高于 5 分；

【攻击与违纪】得分高于 5 分；

【行为改变与意外事件】得分约 3 分；

【自残与自杀】得分高于 1 分；

【退缩与自我批评】得分高于 5 分。

【忧郁与孤独】		是	否
情绪方面	这孩子是否情绪低落郁闷？		
	这孩子是否变得不安，无法静下来？		
	这孩子是否感到非常寂寞、孤独？		
行为方面	这孩子是否常会哭泣或想哭泣？		
	这孩子是否会无缘无故地觉得身体疲劳？		
	这孩子是否不想做他以前常做的事？		
	这孩子是否变得犹豫不决？		
	这孩子是否头脑变得不像以前那样清楚？		
认知方面	这孩子是否觉得将来没有希望？		
	这孩子是否觉得他的烦恼无人可以倾诉？		
	这孩子是否觉得别人对他冷淡或排斥他？		
	这孩子是否觉得无助、惊慌，不知该怎么办才好？		
	这孩子是否觉得自己很渺小、很不重要？		

【攻击与违纪】		是	否
情绪变化	这孩子是否脾气暴躁?		
	这孩子是否情绪变化大?		
	这孩子是否没有内疚感或责任感?		
	这孩子是否善妒或多疑?		
攻击行为	这孩子是否常与别人顶嘴?		
	这孩子是否常打架?		
	这孩子是否喜欢骂人或说脏话?		
	这孩子是否喜欢嘲笑或欺侮别人?		
	这孩子是否会破坏别人或自己的物品?		
	这孩子是否爱说谎或欺骗别人?		
违反校规	这孩子是否曾逃学、离家出走?		
	这孩子是否在学校不守规矩、喜欢干扰其他的同学或破坏教学秩序?		

【行为改变与意外事件】		是	否
请假、旷课	这孩子是否较常旷课?		
	这孩子是否害怕上学?		
	这孩子是否请假过多?		
	这孩子是否想要休学?		
	这孩子是否经常生病或感到身体不舒服?		
行为变化	这孩子是否较好动?		
	这孩子是否变得较安静?		
意外事件	这孩子是否经常发生意外事故?		
	这孩子是否较易忽视危险或容易冒险?		

【自残与自杀】		是	否
表达自杀的念头	这孩子是否在作文、周记或活动中表现出想死的念头？		
	这孩子是否曾想过要自杀？		
	这孩子是否曾与人讨论过自杀的方法？		
	这孩子是否曾表示要以伤害自己的方式对某人包括家人进行报复？		
行为变化	这孩子是否有伤害自己的行为？		
	这孩子是否曾经使用过酒精、药物或安非他命（一类药物的名称，能促使中枢神经系统兴奋，曾被用来治疗抑郁症。服用它使人产生快感，出现强迫行为及幻觉、妄想等，对神经系统、心血管等具有不良影响）等具有伤害性的物质？		

【退缩与自我批评】		是	否
退缩、独处	这孩子是否较喜欢独处?		
	这孩子是否较冷漠、退缩?		
	这孩子是否与别人在一起时就觉得不自在?		
怕犯错	这孩子是否不曾说出自己的困难或问题?		
	这孩子是否过分守规矩?		
	这孩子是否会因一些不好的事发生而责怪自己?		
	这孩子是否常害怕做错事情?		
缺乏自信	这孩子是否缺乏自信心、感到自卑?		
	这孩子是否感到自己笨拙?		

图书在版编目 (CIP) 数据

弄懂孩子的内心　情绪　行为问题：心理咨询师给父母的 20 个教养建议 / 陈品皓著 . — 北京：中国法制出版社，2019.10

ISBN 978-7-5216-0424-5

Ⅰ . ①弄…　Ⅱ . ①陈…　Ⅲ . ①儿童教育一家庭教育　Ⅳ . ① G782

中国版本图书馆 CIP 数据核字（2019）第 168163 号

原著作名：《弄懂 6~12 岁孩子的内心 X 情绪 X 行为问题：心理咨询师给父母的 20 个教养解答》

原出版社：木马文化事业股份有限公司

作者：陈品皓

策划编辑：李　佳（amberlee2014@126.com）

责任编辑：王　悦（wangyuefzs@163.com）　　封面设计：汪要军

弄懂孩子的内心　情绪　行为问题：心理咨询师给父母的 20 个教养建议

NONGDONG HAIZI DE NEIXIN QINGXU XINGWEI WENTI：XINLI ZIXUNSHI GEI FUMU DE 20 GE JIAOYANG JIANYI

著者 / 陈品皓

经销 / 新华书店

印刷 / 三河市紫恒印装有限公司

开本 / 880 毫米 ×1230 毫米　32 开　　印张 / 8.25　字数 / 147 千

版次 / 2019 年 10 月第 1 版　　2019 年 10 月第 1 次印刷

中国法制出版社出版

书号 ISBN 978-7-5216-0424-5　　定价：42.00 元

北京西单横二条 2 号　邮政编码 100031　　传真：010-66031119

网址：http://www.zgfzs.com　　**编辑部电话：010-66054911**

市场营销部电话：010-66033393　　**邮购部电话：010-66033288**

（如有印装质量问题，请与本社印务部联系调换。电话：010-66032926）